装いのアーカイブズ

Costume Archives

——ヨーロッパの宮廷・騎士・農漁民・祝祭・伝統衣装

平井紀子

日外選書
Fontana

装丁：山中 章寛（ジェイアイ）

宮廷衣装（Robe de Cour）デレ画　1778年　p.10参照

スルタナ（正妻）あるいは寵姫（A Sultana,or kaddin）
ダルヴィマール画　16世紀？　p.30参照

巨大なスプーンを持つイェニチェリ（Ladle-Bearer to the Janissire）
ダルヴィマール画　16世紀？　p.42参照

テオドーネの農婦の冬服
(Contadina di Teodone in costume invernale)
カルデリーニ画　19世紀　p.124参照

カリアリ地方パン屋の婦人の服装
（Costume di Panattara di Cagliari）
カルデリーニ画　19世紀　p.130参照

ラップ人（A Laplander）　18世紀　p.120参照

まえがき

「衣食住」というように、衣は人間にとってもっとも必要最低限のモノです。人類誕生から私たち祖先は何らかのモノを身につけてきました。

文明・文化の進化、社会情勢の変化は人間生活を変え、衣服は身体を護る基本的な機能を超え、時代の思潮、着用している人物の身分・階級や職業、あるいは地域・民族の象徴をあらわす社会性をもつ様々な機能・目的を備えたモノへと拡散していきました。

服装の歴史は、まさに人間そのものの歴史ともいえます。

しかし、歴史はおもに政治、経済などの国を動かすような出来事が事実として正史に記録されている一方、服装はそれに記録されることは少なく、「風俗」という分野で切り離されて捉えられることが多いようです。

また、服装の歴史を研究する文献について眺めてみても、往々にして、「服装（飾）史」という歴史的な変遷を中心に著述したものと、民族（人種）や地域を単位とした、いわゆる「民族（俗）服」を解説したものに二分されているように思えます。しかし、民族服とは民族の特徴をあらわす歴史的衣装のはずであり、服装の歴史のなかに組み込まれてもよい分野です。

本書は、少例ではありますが、衣服の機能や服種により類別し、服装史、民族服というように分かれていた既存の文献とは異なる構成をとりました。

およそ中世から近代を対象としていますが、「衣」というフィルターを通して「人間の文化」を見つめなおしてみたいと考えたのです。

衣装を時代による様式やデザインの変遷から、「服装図像学」の展開への手がかりの一歩として試みました。

社会階級からみればおもに王侯貴族の衣装を対象とした歴史服と民間で着用された民族服を並列して眺めることにより、西洋の人びとの衣装・衣服の全体像の一端が見えてくるのではないでしょうか。

筆者は服飾の専門研究者ではありません。服飾の専門図書館で多くの古典的な服装文献を手にとり、羊皮紙や古い紙に印刷、記述された文献の重みを感じ、また時には手彩色された美しいみごとなプレートを見てきました。その経験を通して生まれたのが本書です。

目次

まえがき

第六章　スポーツ服・遊戯服

第一章　君主および皇帝・皇后の服装

＊本章では、国を治める君主および皇帝などの身分服・階級服の最高権力者の衣装をとりあげた。
＊人が集り、組織的な集団形態が整いはじめると、本来平等だった集団のなかから、個人的な占有物の量・質、また生計を営む仕事などにより、自然発生的にその中から特権的な階級が形成され、集団をまとめる支配者、特権者がうまれてくる。
＊古代エジプトの時代、まだ衣服とはいえないような腰布を身につけていたときでさえ、同じ腰布でも支配者のものは縞柄のある布で襞をとり、装飾品をつけて平民とは異なる〈支配者〉としての身分を示し、みずからの地位をアピールした。時代の進展につれ、君主・皇帝は、権力の象徴として市民とは異なる豪華な衣装にまばゆいほどの宝飾品を身につけ、武具・甲冑などには王家の紋章を付けて権威を示した。
＊ファッションの生みの地であるフランス十八〜十九世紀の宮廷衣装は、服装史上もっとも優雅で華麗といわれている。フランスはなぜファッションの主導権を得たのであろうか。
＊時代性や国による相違はあるが、権威・支配力の象徴として、この身分服から服装のもつ役割・機能と着用する人物像が表象される。

一．マリー・アントワネットの宮廷衣装

1．国・地方・民族 ― フランス

2．時期・時代 ― 一七七八年

3．図版解説

図1（口絵参照）は、フランス王妃マリー・アントワネットの宮廷用盛装。

図版は『ギャルリー・デ・モード』というロココ終末期の繊細甘美な服飾芸術をあらわす服飾版画の代表としてその名を残している図版集からの一枚である。

ルイ十六世時代、フランス十八世紀後半から革命前までの十年間のモード版画三二五枚が収められている。図版からはリボン、フリル、レースなどの多彩な装飾の変化と巨大な髪型、パニエ（注1）による刻々と移り行くシルエットの一大ページェントが観察でき、モードからこの期間の社会性がうかがえる。

さらに本書の図版は、これまでの風俗・衣装の記録版画（コスチューム・プレート）から新しい流行を知らせるファッション・プレートへと変容する最初期の作品として重要な意味をもっている。

四巻の秩《ちつ》に収められているが、図版のプレートは第一巻目のプレート・ナンバー四四。

この衣装は宮廷盛装で儀式のときに着用された。解説には、マリー・アントワネットの偉大さ、宮

図1　宮廷衣装（Robe de Cour）
デレ画　1778年

図2　別れ（Les adieux）
モロー弟画　1777年

廷の礼儀作法やしきたりなどと、注目するところはマリー・アントワネットがいかに豪華な衣装を選び、その衣装を惹きたてるためにドレスの下につけるパニエにも気を使い、凝っていたかということが記載されている。

深紅の絹製のフランス風ローブは、ロココ調の典型的な美しさである、あらゆる装飾がほどこされている。リボン飾り、襞飾り、刺繍をほどこしたレースなどが全体に調和よく配置されている。

胸衣は胸元の部分を美しく見せるために逆三角形にリボン結びを胸の中央に上から下に徐々に小さく梯子のように連ねた装飾（エシェル）と、それとは逆にドレスのスカートは花柄刺繍のあるレース飾りを裾へむかって段々に大きく飾っている。袖にはレースのカフス（アンガジャント）の柔らかい飾りがいっそう華やかさを添える。逆三角形はウエストをより細く見せ、スカートの広がりをいっそう強調する。

当時流行の大きめの髪型は横ロール巻に結い、リボンや羽根飾りをつけ、左手には優雅に扇子を持っている。

ルイ王朝の服飾文化

ところで、フランスのモードがヨーロッパのモードを支配するようになるのは十七世紀中葉である。モードを支配するといっても、勿論このころは宮廷衣装や上流階級の衣装のことであるが。

フランスが他国を抑えてなぜモードの主導権をもつようになり国際的なモードになりえたのか、要点を絞れば、ルイ十四世を頂点とする絶対王政のもとで宮廷が繁栄したことであろう。この繁栄を支えたのは経済の発展である。重商主義に保護されたフランスの商工業は活況を呈して国力を増大した。衣装に関わりのある繊維工業や手工芸産業に力を注ぎ、品質の良いものが生産された。また商工業の好況により都市化が進み、文化施設としての劇場の建設や公園、散歩道も設けられた。経済に支えられた文化の進展が直接的な要因であろうが、何といってもフランス人がもっている先天的な豊かな創造性と芸術への愛好心が魅力的なファッションの発想を生んだにちがいない。

ロココ時代はサロンを中心に文芸が発展して歴史上でも特有な文化を生んだ。この時代は「女性の時代」ともいわれ、装飾的で放縦な社会から生まれたロココの文化は服飾の世界にもっともよく表現されている。ルイ十四世時代は政治、経済、文芸などあらゆる分野で世界を支配していたが、特にモードでの影響は大きかった。豪華な宮廷生活が貴族文化を支え、王の周りには衣装に対して鋭い関心をもつ貴婦人たちの勢力が強かった。ヴェルサイユ宮で開かれる華やかな舞踏会で、王や王妃の着た新しい衣装はすぐさまパリの社交界に飛び移り、ヨーロッパ各地に広まった。宮廷から発せられる情報は衣装ばかりでなく、儀礼、エチケットや生活様式までもが伝達、模倣された。ルイ十六世治世では、ロココの女王といわれたマリー・アントワネットがモードの実権を握り、彼女の気まぐれから作られる衣装はフランスのモードとなってヨーロッパ中を風靡した。

「フランス風ローブ」が巻き起こしたエピソード

横に膨らんだスカートのエピソードは後世に語り継がれているが、幾つかを紹介しよう。

ヴェルサイユ宮では王妃や公妃の座席が問題になった。大勢集まるときや座席に座るときなど一人で三倍も四倍もの場所を要したから、メンバー全員が席につけず、そのうえ広がったスカートのために顔が見えなくなることもあり、争いの種となったという。教会などでも同様なことが起こり、禁止令が出されるが、それでも女性たちは膨らんだ大きなスカートの魅力にひかれ、パニエは貴族・庶民の階級を問わずすべての女性に愛用された。

もう一つ。こちらは、貴婦人と恋人であろうか、劇場の入口で、「さようなら、しばらくのお別れね。オペラ劇場のボックスには一緒に入れませんの。」貴婦人の手にくちづけをしている紳士。デコルテのイヴニングドレスのパニエ・スカートがあまりにも大きいので入口からは一人でもまっすぐには入れず、蟹のように横向きでドアをしずしずと入る。恋人とのしばしの別れを惜しんでいる…。ファッションがもたらす何ともいえぬ滑稽さがみやびな画風に描かれている（図2）。

（注1）パニエ panier：本来は籠《かご》の意味で、スカートを膨らませるための腰枠形式のアンダースカート。ロココ時代の婦人たちに用いられたもので、基本的には針金や鯨のひげ、藤などで枠をつくり、ウエストに紐で縛って留める形式だが、ペチコートに縫い付けたものも多かった。

4. 典拠文献

- *Galerie des modes et costumes français dessinés d'après nature 1778-1787, réimpression accompagnée d'une préface par M.Paul cornu,* 4v., Paris, E.Lévy, [1912]. (Facsimile)
- Laver, James; *A concise history of costume,* London, Cassll, 1969.

ジェームズ・レーヴァー著　中川晃訳、飯田晴康監修『西洋服装史』洋販出版　一九九一年

・石山彰編・解説『西洋服飾版画』文化出版局　一九七四年

5．解題

(1) *Galerie des modes et costumes français dessihés d'après nature 1778-1787, réimpression accompagnée d'une préface par M.Paul cornu*, 4v., Paris,E.Lévy, [1912]. (Facsimile)

『ギャルリー・デ・モードー一七七八年から一七八七年までの実物から描かれたフランス・モード図録　ポール・コルニュの序文付き翻刻版』

一七七八年から刊行を始めた服飾版画集。銅版画に手彩色がほどこされたこのシリーズは十八世紀でもっとも美しい版画のコレクションといわれている。毎回六枚の版画が不定期に刊行された。当初は髪型や帽子、髪飾りであったが、のちにヘアースタイルだけではなく衣装をつけた全身像に変わっていった。この版画集は一七八七年をもって廃刊となるが、総数は推定で四三六枚とコラの書誌(注2)にあるが、完全に揃っているところは皆無といわれ、フランスの図書館でもあちこちに分散されているらしい。

『ギャルリー・デ・モード』の元版はすでに美術品の系列であり、オリジナルをみることは難しい。一九一二年にM・ポール・コルニュによる序文つき翻刻版が全四冊で刊行された。

本書の元版の副題には「もっとも有名な作家によって版刻され、ル・ボー夫人の入念な彩色のほどこされた」とあるが、ル・ボー夫人の優れた手本をもとに何人もの職人の手で彩色されたのだろう。

著名な作家には、デレ（Desrais, Claude L.）、ル・クレール（Leclère, Pierre T.）、ヴァトー（Watteau, François L.J.）などが手掛けている。

服飾版画

先に触れたように服飾版画には、コスチューム・プレートとファッション・プレートとがある。前者は、十八世紀前半ぐらいまでの民族服や階級服など、すでに着用された過去の衣装を記録として描いたものであるが、世紀の後半ごろからはファッション・プレートなるものがあらわれる。ファッション・プレートとは現在の最新の衣装を同時期に描いたもので、今日的にいえば、流行を予測するファッションの伝達機能をもち、前者のコスチューム・プレートとは区別される。『ギャルリー・デ・モード』には宮廷服や演劇衣装など旧来からのコスチューム・プレートに加えて、ファッション・プレートともいえるようなブルジョア階級の軽快な散歩服や外出着などの最新の衣装も見られ、新旧版画が混在している。

画集の解説には衣装のディテールと着用法の注意点なども記されている。『ギャルリー・デ・モード』は、服飾文化が貴族階級から市民に移行するはざまに著された特色ある貴重な資料である。

（注2） Colas, René; *Bibliographie générale du costume et de la mode, tome 1-2*, Paris, Librairie René Colas, 1933.

(2) 図2の「別れ」は、図1と同様に服飾版画を代表する十八世紀ロココ時代の上流社会を描いた風俗と衣装の版画集である。通称『衣装の記念碑』とよばれているが、もともとは三部作で、第一集はスイスの画家フルードベール（Sigmund Freudenberger ou Freudeberg,1745-1801）の原画をもとに一七七四年に刊行、第二集は一七七七年にモロー弟（Jean Michel Moreau,1741-1814）の原画により出され、第三集もモロー弟が担当し一七八三年に刊行された。図版は58×42㎝の大判で見応えがある。第一集は上流社会の女性の日常生活一日を描いている。二集では上流社会の女性の妊娠から出産までのエピソードなど、第三集は貴族の男性の一日を、それぞれ十二枚の銅版画で描出している。『衣装の記念碑』はモローの原画の二集・三集を中心に二六枚の版画集にまとめたものである。ルイ十六世時代の貴族の優雅な日常を繊細なエッチングで描いた十八世紀の銅板画の逸品として賞賛されている。

　モロー弟と呼ばれるのは、有名な風景画家である兄ルイ＝ガブリエル・モローと区別するためである。

　付け加えれば、前者の『ギャルリー・デ・モード』がコスチューム・プレートとファッション・プレートとのはざまにあるモード集に対し、『衣装の記念碑』は記録を対象としたコスチューム・プレート集の範疇である。

Jean Michel Moreau, dit le jeune et ou Freudeberg,Sigismond; *Monument du costume physique et moral de la fin du dix-huitième siècle,…*: A Neuwied sur le Rhin, Chez la Société, typographique,1789. 1v. 26 plates.

二．皇帝ナポレオン期の宮廷礼服

1．国・地方・民族 ― フランス

2．時期・時代 ― 一七九四～一八一四年（総裁政府時代～ナポレオン帝政期）

3．図版解説

フランス貴族はおしゃれがお好き

一七八九年に勃発したフランス革命は、ルイ王朝と貴族の社会的地位を失墜させた。革命期の大動乱期に終末を告げ、一七九九年に統領ナポレオンが登場する。

フランス革命は、人間の自由と平等、人間の解放を理想にかかげて開始された。立ち上がったブルジョア階級が、一七九三年に国民公会の政令を発し、「服装」においては、旧制度下の衣服令を否定した。「性別を問わず何人といえども、いかなる市民男女に対しても、特別の服装を強いることはできない。…」衣に関する様々な法的規制が解除された。それにより、もとよりファッション好きなフランス国民は、服装への関心が社会の上下各層に急速に高まり、当時の市民意識の高揚を反映して、衣服の色や装飾は着る人の政治思想をもあらわした。また愛国党、ジャコバン党、自由を歓迎する先端的な、ある種気ままな一風変った身なりをした洒落者たちが出現した。

図3　略礼服（Costume Demi- Habillé）1803年

革命期を契機にして、衣服のスタイルにも変化が生じていた。マリー・アントワネット時代の過剰装飾の衣装からシンプルなデザインへ、華美な色彩から白いドレスに移り、その様式は新古代風（ネオ・アンティーク）とよばれ、ギリシア、ローマ調の簡素化された婦人服は、当時の民主化、解放を目標にした社会の要請と一致していたように思える。

ナポレオンの宮廷衣装

図3は、ナポレオン戴冠式（一八〇四年）前年の宮廷略礼装を描いている。この礼装を見るとわかるように、帝政期のナポレオンもまた自分の権威にふさわしい宮廷衣装を望んでいた。かつての宮廷モードが再び復活する。

革命時ころからはやっていた二角帽（ビコルヌ）とよばれる三日月型の帽子は、ナポレオン帝政時代に入っても、よくかぶられた。

二角帽は縁（プリム）が折れ上がり、手にもつのにも便利である。二角帽がはやる前には三角帽（トリコルヌ）という帽子もあった。[注1]

さて、服の方だが、イギリス風のフロック・コートによく似た、アビ（habit：上着）はグレーの折り返りのついた高い衿、手首まで隠れる長い袖、斜めに切り落とした前裾、後部に長い垂れがついているのが特徴である。上着の前があいているので、なかに着ている丈の短い白いジレーが外から見え、宮廷服では錦糸で縫い取りがしてある。ジレーの上の二・三のボタンは留めずに、なかのシャツの襞飾りをおしゃれに見せるのが流行した。同色の顎をうずめるような白麻のクラバット（ネクタイ）、黒の細身のキュロットと白の絹の靴下が組み合わされている。手に持っているのは片眼鏡(モノクル)。

こうした衣装は、華麗なロココ時代とは違い、簡素で落ち着いた軍服調になっている。上着、ジレー(チョッキ)、ズボン(一八九三年ごろからキュロットにかわり、パンタロンになる)の組み合わせは、十九世紀男性服の原形、のちの現代男子服の定型化に繋がっていく。

二角帽、三角帽をかぶったナポレオンやこの時代の風俗はカリカチュアの好材料となり、ドーミエ、グランビルなどにより、皮肉たっぷりとナポレオン政権を批判した風刺画が出されている。『カリカチュアの世紀』に詳しい。(注2)

繊維・服装産業への復興政策

ナポレオンは刺繍を用いた宮廷衣装や軍服礼装を復活させたが、それにより重厚な刺繍は儀礼服専用の装飾となってしまい、宮廷礼装以外の男性の服からは刺繍は消えていった。

レース産業も革命により衰退し、さらにイギリスからのシンプルな木綿の衣装が流行して追い討ちをかけた。

革命後、レース産業の惨状を救ったのもナポレオンである。レース産業復興のため、帝政時代の宮廷衣装に再びレースが取り入れられた。皇帝戴冠式にはアランソン・レースの小さなラフ(襞衿)とカフスを皇帝がつけ、皇妃もサテンのローブのネックラインをレースで飾った。(注3)

革命により衰退していたリヨンの絹織物工業もナポレオンの奨励策により、繊維商工業の中心地となっていく。そのほか、デザイナーや装飾品のベルト商、宝石商の振興にも協力的であった。

（注1）二角帽がまだ流行する前に、幅の広い平らなプリムの三方がめくれ上がって、三角の角（つの）状になっているのが特徴で、金銀糸の打ち紐の縁飾りや羽根、リボンがつけられているのが多かったが、十八世紀末に角が一つとれて二角帽になった。

（注2）林田遼右『カリカチュアの世紀』白水社　一九九八年

（注3）辻　ますみ『ヨーロッパのテキスタイル史』岩崎美術社　一九九六年　一二二ページ

4．典拠文献

・『ファッション・プレート全集Ⅱ　十九世紀初期』　石山彰編・解説　文化出版局　一九八三年

5．解題

(1)『ファッション・プレート全集』（全五巻）石山彰編・解説　文化出版局　一九八三年

この全集には、文化女子大学図書館が所蔵する古いモード誌から精選した十七世紀初期から二十世紀初期に及ぶ三世紀間における二五〇点余の優れたファッション・プレートが収められている。2巻は十九世紀初期を対象に、代表的なモード誌『ジュルナール・デ・ダーム・エ・デ・モード』と『レポジトリー・アート』の二誌から選ばれている。

(2) *Journal des dames et des modes*, 1797–1838. Paris,『婦人流行新報』

モード雑誌、いわゆるモード伝達のための版画を綴り合わせた定期刊行物が確立するのは、フランスでは、もっとも早いのが本誌で、一七九七年三月に発刊された。

本誌は各号一枚の美しいプレートが綴じ込まれた八ページからなるオクターボ判の小冊子で、五のつく日に発売されているから月三回の発行となる。購読者は本誌の発売を心待ちにしていたという。パリばかりでなく同じプレートを転載した他国版がいくつかあった。

創始者はセレック（Sellèque：生没年不詳）と印刷業者クレマン夫人（Mme Clément：生没年不詳）で、ラ・メザンジェール（la Mésangère, Pierre, 1755-1831）の協力のもとに出版が開始された。ラ・メザンジェールは王党派のコレージで教鞭をとっていたが、革命後、パリに出て出版業を始めた。内容は、パリの情景や催しもの、新しい習慣や音楽、モードである。何枚かのプレートには、下絵を描くときにヒントを得たパリの通りや劇場名が刷り込まれており、シャンゼリゼ、オペラ座などが見られる。このような場所で当時の洒落者たちは互いにおしゃれを競ったのであり、「パリ・モード」というタイトルのもとに画家や版画師たちは描いている。そのプレートはヨーロッパ各国に配られた。

モード雑誌のなでも最高級のものとして評価が高い。

三、皇后ジョセフィーヌ聖別式の衣装

1．国・地方・民族　―　フランス

2．時期・時代　―　一八〇四年（ナポレオン帝政期）

3．図版解説

聖別式の衣装

一八〇四年十二月二日にパリのノートルダム寺院でナポレオン一世の戴冠式が盛大に行われた。戴冠式の様子は画家ダヴィッドによって克明に描かれている。この大作「ナポレオンの戴冠式」は現在ルーブル美術館にある。

戴冠式にはローマ法王ピウス七世が列席し、ナポレオンがフランス皇帝になった重みを一層誇示している。ダヴィッドの絵は、ナポレオンが今まさにジョセフィーヌに皇后冠を授けようとしている瞬間を描いている。

図4の礼装は、聖別式（戴冠式）に着用されたジョセフィーヌ王妃の盛装である。

古代の胸像からヒントを得て、髪型は小さくまとめ髪を頭の周りに細く巻き、ティアラ（王冠）をつけている。絹サテンのローブは大きな衿ぐりと短いパフ・スリーブのシュミーズ型のすっきりし

図4　皇后ジョセフィーヌ聖別式の盛装（Grande toilette de l'Impératrice Joséphine pour le sacre）1804年

たシルエットで、足首までの丈となっている。マントーというドレスの脊に曳き裾を取り付けた衣装は、この時代を代表する盛装である。マントーはサティン地に白チュールや花模様などの錦糸刺繍がほどこされ豪華である。

第一帝政期を特徴づける「宮廷の公服」は、このシルエットの衣装が原形となり、帝政期以後の衣装にも影響を与えた。古代風シルエットが流行し、細幅のフリル、タックやギャザーで少し膨らませたスカートはほっそりしたシルエットで安定感がある。

この時代の衣装を一般にエンパイア・スタイルとよんでいる。

エンパイア・スタイル

シュミーズ型のエンパイア・スタイルは、薄い生地で単純なデザインであるので、夏には着心地のよい服であろうが、冬はきっと寒かったであろう。医師の忠告を無視し、薄着のために肺炎にかかった婦人たちも多かったという。この寒さを和らげるのに、柔らかく、あたたかなカシミアのショールが愛用された。両端が膝下ぐらいまでくる長いものであるが、非常に高価であった。そこで本物のカシミア・ショールの代用として、裕福でない婦人たちは、木綿や木綿と絹、カシミアとの混紡品を用いた。

婦人たちのカシミア・ショールへの熱狂ぶりを見て、ナポレオンは輸入を禁じ、罰金などでおどしたが、効き目はなかったという。

ショールは長いあいだ、ファッションの主要なアクセサリーとして用いられた。

モードのリーダーはジョセフィーヌ

皇后ジョセフィーヌもモードに関心が深く、お抱えデザイナーをおいていた。

一七九九年のエジプト遠征でナポレオンが持ちかえったアジア原産のカシミア・ショールは山羊の毛で光沢があり、ジョセフィーヌが愛用して以来、貴婦人たちは熱狂的に求めあった。

宮廷サロンが復活され、かつてのモードの豪華趣味が再来し、新興支配階級の夫人たちも革命前のように流行を競いあうようになり、チュイルリー宮殿のサロンの華やかさは、マリー・アントワネットのそれを上回っていたともいわれている。

ジョセフィーヌの生涯

皇后ジョセフィーヌの人物像とその後の顛末を添えておく。

ジョセフィーヌは一七六三年、マルチニック島（カリブ海の西インド諸島）に生まれた。マルチニック島は当時フランスの植民地。常夏の島で、樹木が豊かで野生の果物がいたるところにあった。ジョセフィーヌの家は、島では一応名のある家系であったが、フランス王国からみれば下級貴族にすぎなかった。彼女は小川で水浴びを楽しみ、花を摘んで髪にさしたりして、天真爛漫な少女として育った。

十六歳のとき、三歳年上の子爵である陸軍大佐との結婚のためにフランスにやってくる。二人の結婚生活は双方の恋愛問題などであまり平穏ではなかった。妻としての不貞という理由により、彼女は修道院生活を送ることになる。修道院といってもいろいろあり、彼女の入ったところは信仰とはあまり関係のないサロン的な教養や貴婦人としての立居振る舞いを習得するところであり、名門貴族の夫人たちもたくさんいた。田舎娘であったジョセフィーヌはここで衣装の着こなし、何気ない微笑みなど貴婦人とはいかなるものかを体得し、多くの貴婦人と知り会えた。

一七九九年、夫は反革命容疑者の容疑で処刑され、彼女は未亡人になってしまう。ナポレオンとの出会いはタリアン夫人のサロンであった。ジョセフィーヌは際立った美人ではなかったが、均整のとれたしなやかな姿態からかもし出す、けだるい官能的な雰囲気、ゆったりした動作、修道院生活で身につけた貴婦人としての作法、その一つ一つがナポレオンを虜にした。ナポレオンは粘り強くラブレターを送り、結婚を申し込んだ。

ジョセフィーヌはナポレオン・ボナパルトより六歳年上、すでに結婚の経験もあり、二児の母親でもあった。

ナポレオンとの結婚は、ジョセフィーヌ四一歳のとき、画家ダヴィッドの演出による戴冠式では、この日のジョセフィーヌはいつにもまして美しく若やいで二五歳ぐらいにしかみえなかったという。衣装の豪華さはひときわ人びとの視線を集めた。

だが、二人のそれぞれのたび重なる恋愛騒動、ジョセフィーヌはマリー・アントワネットに憧れ、衣装への関心は強く、彼女の衣装費の浪費はナポレオンを悩ませた。だが、致命的であったのは、ジョセフィーヌに世継ぎが生まれなかったことである。ナポレオンは決してジョセフィーヌを愛していなかったわけではなかったが、世継ぎを望み、ジョセフィーヌとの離婚を決意する。離婚式は一八〇九年十二月十五日、チュイルリー宮の一室でそれぞれの家族が集り行われた。ジョセフィーヌはアクセサリーはいっさい付けず、純白のドレスで身を整えた。アクセサリーなしで人前に出たのは、これが初めてのことだった。

ナポレオンは、ヨーロッパ王家のなかでも名門中の名門、ハプスブルク家の皇女マリー・ルイーズと一八一〇年二月に結婚する。

ジョセフィーヌは一八一四年肺炎で息を引きとるが、肺炎の原因は素肌が透けるような薄いドレスを着て風邪をこじらせたのが発端であった。

ナポレオンはロシア遠征の失敗から運勢が傾き、セント・ヘレナ島へ流刑され、五一歳で世を去る。一八五三年にナポレオン三世として帝政を復活させたのは、皮肉なことに、ジョセフィーヌの最愛の孫、ルイ・ナポレオン（前夫とのあいだにできた娘の子）であった。

4．典拠文献

・青木英夫、飯塚信雄『西洋服装文化史　近代市民服装の成立と発展』松澤書店　一九五七年
・南　静『パリ・モードの二〇〇年　Ⅰ：十八世紀後半から第二次大戦まで』文化出版局　一九七五年

四．スルタナ（正妻）あるいは寵姫（オスマン・トルコ）

1．国・地方・民族　―　オスマン・トルコ（一二九九～一九二二）

2．時期・時代　―　十五世紀～十九世紀

3．図版説明

スルタナとはスルタンの夫人、カディンは寵姫、オダリスクはトルコ語のオダリュク＝小間使い（宮廷女奴隷）のことを意味するが、いずれもハーレムの女性の名称である。ハーレム、ハレムharemは、アラビア語のハリーム、ハラムに由来するトルコ語で、本来は「禁じられた」「神聖なる」を意味し、アラビア語のメッカ、メディナの神聖な地域をさすものだが、転じて、外来者の出入りを禁ずる場所、やがてはスルタンの寵姫とこれに奉仕する官女（女奴隷）の住む一般から隔離された部屋をいうようになる。ハレムの成立は、新しい宮廷がイスタンブールにおかれた一四五三年以降とみなされており、十九世紀まで存続する。

ハレムには五百人ぐらいの若く美しい女性がいたが、彼女たちは、征服地から掠奪されたか、奴隷市場で買われたか、さもなくば昇進をもくろんで、スルタンに献上されたかして狩り集められた女性であった。なかでもコーカサス地方の白人女性がもっとも好まれた。年若い官女たちは礼儀作法や手

図5　スルタナ（正妻）あるいは寵姫（A Sultana, or Kaddin）
ダルヴィマール画　16世紀？

芸、歌、踊り、楽器の演奏などから言葉づかいに到るまで訓練を受けた。

ハレムの官女にも厳しい階級制度があり、その最上位にいるのが、スルタンの母親である。最下層は小間使いで、そのなかからスルタンのお相手をするカディンkaddinと呼ばれる女性七人ぐらいが選ばれた。

イスラム世界では夫人を複数持てるが、スルタンの子供を最初に産んだ女性はスルターナ・ヴァリデと呼ばれ、王族の権威が与えられ、のちのハレムを支配するようになる。

ハーレムというと、一般的に好色な意味あいにとられるが、オスマン朝が遠征により国家を拡大するようになると、通常の固定的な婚姻が出来なくなってきた。従って王妃の座も空白になり、血統を絶やさぬようにするためにもハレムが必要になったのである。

図5はそのスルタン夫人あるいはスルタンの寵愛をうけたカディンを描写している。美しい花模様の刺繍がほどこされた絹製の上着のうえに黒てんの毛皮のトリミングのある長いマントをはおっている。下肢には、くるぶし丈のゆったりした、日本のもんぺのように膨らみのある、裾を絞ったパンツをはいている。

これは、かつてはやったハーレムパンツの元祖である。

典拠の文献には見い出せなかったが、「シャルワール」という名称らしい。

4. 典拠文献

• [Dalvimart,O]; *The costume of Turkey, illustrated by a series of engraving; with descriptions in*

English and French, London, W.Miller, 1802.

＊二章の「イエニチェリのスプーン持ち」で解題

・ウルリッヒ・クレーファー著　戸叶勝也訳『オスマン・トルコ帝国―世界帝国建設への野望―』佑学社　一九八二年

五．タシケント　スルタン（君主）の外衣

1．国・地方・民族　―　タシケント

2．時期・時代　―　？～十九世紀

3．図版解説

地域の概要

南部中央アジアの砂漠のなかに位置するタシケント一帯は、かつて中国への絹の道が横切っていた。この地域の大部分は、乾燥した砂漠や荒れた草原地帯で、寒暖の差の激しい大陸性気候である。身体の水分の蒸発を防ぎ、強い陽射しを遮るために夏でも分厚い衣服を着ることが多い。

歴史上からみると、中央アジア圏の国々は各種の民族国家の興亡が繰りかえされ、多様な文化が混じり合ってきた地域である。

タシケントは現在ウズベキスタンの首都である。その地域に居住していた民族は、もともとはチュルク語族トルコ系の遊牧民であったといわれている。ウズベクの名の由来は、十四世紀ごろにこの地を支配し、イスラム教に改宗させたモンゴルの汗オズ・ベクの名によるらしい。民族構成は、ウズベク人、タタール人、トルクメン人、ロシア人などである。

図6　タシケント　スルタンの外衣

スルタンの服装

平面構成でできている図6の服は、中央アジアの伝統的なハラート（Chalat：アラブ語で長衣の意）とよばれている。チュルク語ではチャパン（Tschapán）。

図は光沢のある絹の絣模様の表地に、丈夫な厚手の木綿の裏地が付いたタシケントのスルタンの外衣である。脇にスリットがある。服の前と裾には模様のあるテープ状の別布で縁どりがされている。この縁どりは豪華に見せると同時に補強も兼ねる。胸に紐をつけ、祈祷するときには結ぶといわれている。

著者ティルケの説明によると、この外衣は個人の所蔵品で身分の高い人（スルタン）が着た名誉ある服ということである。ただ惜しむらくは平面図のみで着装図がないので、実感に乏しい。

他の文献(注1)によると、身分の高い人は絹地のほかにも金襴やビロードに刺繍をほどこした表地に、裏は絹を用いた豪華な服を着用する。チャパンには、布の裁ち方や構成により幾つかのタイプのものがあり、さらに、袷（あわせ）仕立て、綿（わた）入れなどもあるということである。材質などにより名称が異なる場合もある。

中央アジアの伝統的な衣服は平面構成であったが、近代以降になると立体構成の服もみられる。民俗服も時代の推移とともに発展変化をみせている。

（注1）　丹野郁監修『世界の民族衣装の事典』　東京堂出版　二〇〇六年　三〇〇～三〇三ページ

4．典拠文献

• Tilke,M.: *Orientalische Kostüme in Schnitte und Farbe.* Berlin, Ernest Wasmuth, 1923.
ティルケ『東洋の服飾　型と色』

• A・ローゼンベルク著、E・ハイク文、M・ティルケ画　飯塚信雄監修『図説服装の歴史』上・下（二冊）国書刊行会　二〇〇一年

5．解題

著者ティルケについて

ティルケ（Tilke,Max,1869-1942）は、ドイツの服装研究家で画家・イラストレーターでもある。彼はベルリン・アカデミーに十七年間勤めた。その間一八九〇年にイタリアとアフリカのチュニジアへ学術調査研究に参加している。著者はまた、序文にも述べているが、スペイン、バルカン諸国、コーカサス地方を旅行し、現地で収集した民族衣装を一つの作品集にまとめ、その最初の作品を一九一一年にベルリンにあるリッパーハイデ服装図書館に納めている。一九一二年からはティフリスにあるコーカサス博物館に服装学の教授として招かれ、ここでは国家的規模の民族服の調査を支援している。

ティルケの著作は九点ほどあり、オリエントに関するものが多い。

『オリエントにおける服装発達史』(注1)は、オリエント諸民族の服装について理論的に系統立てて論じており、本書を補完するものである。

ティルケを服装研究家として著名にしたのは、二〇世紀初頭に出版された五巻本の大著、ローゼンベルク著『服装の歴史』[注2]の図版を手掛けたことによる。ティルケによって描かれた多くの図版は民族服の特徴をみごとにあらわし、衣服を仕立てる実用面でも活用された。また、わが国においても戦後から一九五五年にかけて出版された服装史の本にはティルケの著作が多く引用されている。

リッパーハイデ服装図書館長のブルーン氏監修のもとで刊行された『服装書』（ドイツ語版）は服装学の全分野を網羅し、古代から十九世紀末期までの歴史服、民族服を一望できるように一巻にまとめてある。好評を得て、のちに刊行された簡略化された英語版[注3]は、服装史を学ぶ入門者にとり、ビジュアルな手引き書となっている。また、二〇〇一年にはローゼンベルク著、ティルケ画の豪華な日本語版が出版されている。[注4]

（注1）Tilke,M.: *Studien zu der Entwicklungsgeschichte der orientalischen Kostümes*, Berlin, E.Wasmuth, 1923.

（注2）Rosenberg,A.: *Geschichte des Kostümes,1-5*, Berlin, Ernst Wasmuth,[1905–1923].

（注3）Bruhn,W. & Tilke,M.: *A pictorial history of costume*, London, Zwemmer, 1955.

（注4）A・ローゼンベルク著、E・ハイク文、M・ティルケ画　飯塚信雄監修『図説服装の歴史』上・下（二冊）国書刊行会　二〇〇一年

第二章　戦士の服装

＊人類の歴史は、とりわけ古代から近世までは戦争の歴史ともいえるであろう。

＊戦争とは、王や君主、国を治める主権者たちが領土や人民を獲得するために、民族間あるいは政治集団などの組織された集団のあいだで、相当の期間、武力による流血的な闘争が継続されることである。だが、戦争や侵略を招く根深い要因は民族や集団の宗教的な対立が底辺に潜んでいることが多い。

＊戦士の武装の歴史は、服装史において重要な部門であり、市民や貴族の服装は武装からの影響が多く見られる。

＊本章では中世から近世の戦士の種類、あるいは兵士の身分などによる役割や武装を観察しよう。

＊「ジャンヌ・ダルク」の武装は、服装の歴史においても、たいへん興味深いテーマである。多数の研究文献が出されているが、ここでは〈衣服について〉に重点を絞り検証した。

一．イェニチェリのスプーン持ち（オスマン・トルコ）

1．国・地方・民族 ― オスマン・トルコ

2．時期・時代 ― 最盛期：スレイマン大帝（十六世紀）

3．図版解説

オスマン朝第三代の君主ムラト一世は、イェニチェリ軍団を新設した。イェニチェリとは、トルコ語で「新軍」を意味し、バルカン占領地のキリスト教徒子弟を選抜して、これにイスラム教育と軍事訓練を施し、エリート軍人を育成した。一種の奴隷軍人であるが、マムルーク朝の兵士がおもにトルコ系遊牧民の出身であったのに対し、彼らはバルカンのキリスト教徒出身であった。

イェニチェリは特にスルタンにのみ忠実を誓う軍隊である。兵士は有給の近衛歩兵軍団で、家族から離れ、妻も持たず、兵士以外の職業には就かない。軍団はあらゆる種類の武器を備え、スルタンに対する絶対服従の精神と優れた戦闘術により、死を恐れず勝利のために戦い、王朝を栄光へと導いた。

図7は肩に、ひしゃくのような巨大なスプーンをかついだ兵士が描かれている。このスプーンは食事の際、兵士にスープを配るときに用いられた。『オスマン・トルコ帝国』（注1）では次のように説明している。

図7　巨大なスプーンを持つイェニチェリ
（Ladle-Bearer to the Janissire）
ダルヴィマール画　16世紀？

図8　行進中のイェニチェリ
（1588年頃の手書きスケッチから）

宮廷内の台所からスープがたっぷり入った釜が兵舎に運ばれた。このスープ釜は平和のときは、毎日、お祝いの行列を作ってイェニチェリの兵舎へと運ばれ、そこで食事が分配された。釜の意味は遊牧時代の昔に由来するもので、当時トルコ人たちは牧草地から牧草地へと移動し続ける間、食事の時になると巨大な釜の廻りに集まり、特別に信頼の厚い兵士が巨大なスプーンを用いてスープをみんなに公平に配って歩いた。一メートルもの巨大なスプーンが重要な役割を演ずるのである。釜を運ぶ二人の男の傍らに一人のスプーン持ちが加わって祝いの景気づけをした。（中略）ちょっと兵舎をのぞいてみると、そこにはスープ状の米と肉が見られるが、それは当時としてはお祝いの食事である。

本書の図版の解説では、原画を描いたダルヴィマール氏に従って、この「スプーン持ち」も国内を巡察し、彼にスープや料理をサービスしながら、ガードマンとして彼を守り案内した、とある。また「スプーン持ち」は一つの連隊において重要な人物であり、もし連隊の仲間がヨーロッパ的な作法をわきまえていない時は、注意を促し、正しい作法を指導してくれる。それは彼が自分の知識を決して自慢しているのではなく、連隊のために、団結と戦闘の士気を守るためからなのである。彼が着ている青い外衣の胸元には紋章が見える。これは連隊あるいは階位をあらわすものであろうか。

イェニチェリの兵士は立派な服装を身につけ、鉄砲は水平にかついで行進する（図８）。各兵士は各々木製のマイスプーンを持ち、食事のときに使い、使わないときは、そのスプーンを軍服の一部として帽子に羽根飾りのかわりに挿していたという。

本書の原典でもある『十八世紀におけるトルコ人の衣服とオスマン帝国社会(注2)』では、この「スプーン持ち」は「伝統的な祝祭のために釜を運ぶ」というキャプションがつき、図は、前述のように、巨大なスプーン持ちが先頭に立ち、二人の兵士が天秤棒のような長い棹に鍋か釜を吊り下げ、まるで日本の桶屋さんのように担ぎ、しんがりの一人は荷物を背負った四人組で描かれている。

原典と本書の図版を比較すると原典の方はスケッチ風の絵の写真版であるから写実的であるのに対し、本書は手彩色の銅版画で描かれ、全体が優美で細部まで繊細である。

さて、イェニチェリといえば、私たちが時折耳にする「トルコ行進曲」もこの兵士たちの軍楽団がもとになっている。軍楽隊は三〇人ぐらいで編成され、大太鼓、タンバリン、ティンパニーの大合奏は大地を震わし、兵士の士気を高めて、敵軍を驚かした。このトルコの軍楽隊は近代ヨーロッパの軍楽の規範となり、モーツァルトやベートーヴェンなどの「トルコ行進曲」が作曲されたという。

4. 典拠文献

• [Dalvimart,O.]: *The costume of Turkey , illustrated by a series of engravings; with descriptions in English and French*, London, Printed for William Miller, 1802.
［ダルヴィマール画］『トルコの服飾―銅版画の連作で描かれた、英語と仏語の解説つき―』
• ウルリッヒ・クレーファー著　戸叶勝也訳『オスマン・トルコ帝国―世界帝国建設への野望―』佑学社　一九八二年

5．解題

[Dalvimart,O.]; *The costume of Turkey , illustrated by a series of engravings; with descriptions in English and French*, London, Printed for William Miller, 1802.

オスマン・トルコ帝国（一二九九―一九二二）後期社会を背景に、王朝に仕える様々な官職や階層の人々、帝国に生活する住民の服飾・風俗を描写した六〇枚から成る優雅な服飾図版集である。表記タイトルは英語であるが、仏語のタイトル[注3]もあり、図版もそれぞれ英語と仏語の解説がついている。図版は点刻銅版画に綿密な手彩色がほどこされており、オスマン・トルコ帝国の服装の特徴がよく捉えられている。

大きさは37.8×27.8㎝のフォリオ判、茶色のモロッコ革装、表紙に金箔の箔押しがなされた三方金の美しい本である。

本書は一八〇二年に初版が、一八〇四年には二刷りが出されているが、二刷りには仏語の標題紙はない。また、一八一四年（?）に『トルコの服飾風俗図鑑』（*Picturesque representations of the dress and manners of the Turks*）というタイトルに翻刻された版では、仏語の解説が省かれ、判型も小さくなっている。

オスマン・トルコの歴史

さて、トルコは地図で見ると、アジアの最西端に突出した小アジア半島に位置し、西アジアに区分される。国土のほとんどが小アジアのアナトリア地方であるが、狭い海峡をはさんで対面する東トラキア地方イスタンブールはヨーロッパのバルカン半島にあり、二大陸にまたがる国家である。北は黒海、南は地中海に面し、西側はブルガリア、ギリシア、東側はロシア、イラク、シリアと国境を接している。こうした地理的条件からトルコは東西文明の接点としての歴史が展開された。

トルコの歴史は、十一世紀に中央アジアから移動してきたセルジューク族が建てた王朝に始まるといわれているが、ヨーロッパとアジアの架け橋にあたるこの小アジアの地は交通上、戦略上の要衝であり、古くから多くの民族が往来して興亡をくり返してきた。

オスマン朝は十三世紀末、アナトリアの大草原から台頭した一君侯国にすぎなかったが、残存するビザンチン帝国のアジア領を奪取し、その文化圏を吸収しながら地中海へと西進して、やがて西アジア、北アフリカ、バルカン半島の三大陸にわたるオスマン大帝国に発展した。オスマンという名称は侯国の祖始とみられるオスマン一世に由来する。

オスマン帝国の国家体制はスルタン（君主）を中心に、行政、財政、軍事のすべてに強力な統治機構が確立されており、それにイスラム主義という宗教形態とが結びついた専制的な軍事封建社会であった。十六世紀のスレイマン大帝の時期は全盛期を迎え、ハプスブルク家の本拠地ウイーンを包囲し、ヨーロッパに多大な影響を与えた。しかし、十七世紀以降、歴代スルタンの弱体化、ヨーロッパ勢力の攻勢などの要因で制度は腐敗、崩壊に向かい、十八世紀に入ると、しだいに衰退の道を辿る。イェニチェリ軍団も一八二六年に廃止された。

本書はまさにこの王国が崩壊に向かう寸前に編纂された。序文には「王国はいまや崩壊に近づいている。半月剣はすでに打ち砕かれ、星は目をくらませるような閃光を放ちながら流星のように消えゆこうとしている…」と、トルコの国旗である半月と星を叙情的に述べている。図版は、まだ少し残されているこの栄光に輝いた王国の人びとを美しく描きとどめている。

六〇枚の人物像のうち、半分以上がオスマン帝国の官吏や地方役人であるが、なかでも軍事に携わる官職が多い。例えば、近衛歩兵団長（アガ）、トルコ王護兵（イェニチェリ）、トルコ軍の司令官（パシャ）、騎兵（シュバヒ）など様々な種類の兵士が登場する。王朝史の盛衰に大きな影響を与えたイェニチェリは四人も描かれている。ほかには、イスラム教の法学者、枢密院の議員、宮殿の菓子製造者、地方知事など。次に多いのが王朝の住民であるが、トルコ人に限らず、ギリシアの女性、ユダヤ人、アラブ人、エジプト人、タタール人など中近東、東南欧地域の人びとが多い。残りの数枚は物売り、イスラムの托鉢僧などである。

解説は総じて服装の説明よりも、官職の職務や当時の習慣などが述べられ興味深い。

「オスマン帝国社会の服装」の原典

本書の原典である前掲書『十八世紀におけるトルコ人の衣服とオスマン帝国社会』は、十八世紀オスマン帝国の服装を調査し、とくに軍事を階級ごとに分類整理した文化史的にも優れた著書である。図版はイスタンブールにあるドイツ考古学研究所に所蔵されている古写本の模写から作成されており、イスタンブールとトルコ全域に見られる様々な階級や行事などの衣服を着用した人物画二〇八枚から成る大著である。

最後にビブリオグラフィでは本書をどのように記述しているか触れておこう。図書の目録は標題紙をもとに記述されるが、本書の標題紙には著者に関する事項は何も記されていない。服飾文献の典拠として用いられるリッパーハイデ、(注4)コラ(注5)の目録では原画者ダルヴィマールを著者とみなしているが、ヒラー(注6)では、アレグザンダー（Alexander, W., 1767–1816）を推定し、ダルヴィマールは原画者としている。ということは、アレグザンダーがなんらかのかたちで著作に関わったということになる。アレグザンダーは大英博物館の版画・素描部門の学芸員で、美術作品の修復なども手がけている。アレグザンダーの著作には本書と同様な『中国の服飾』『オーストリアの服飾』があり、これらは一八一〇年代の著作であるから、おそらく本書の翻刻版が一八一四年に出ているので、アレグザンダーはこちらの翻刻版に関わったのであろう。

（注1）Klever, Ulrich; *Das Weltreich der Türken*, hestia-Verlag, 1978.
ウルリッヒ・クレーファー著　戸叶勝也訳『オスマン・トルコ帝国—世界帝国建設への野望—』佑学社　一九八二年

（注2）*Türkische Gewänder und Osmsnische Gesellschaft im achtzehnten Jahrhundert*, Graz, Ackademische Druck, 1966.

（注3）*Costume de la Turquie représenté en soixante gravures avec des explications en Anglois et en François.*

（注4）*Katalog der freiherrlich von Lipperheide'shen Kostümebibliothek, Band 1-2*, New York, Hacker Art Books, 1963.

（注5） Colas, René; *Bibliographie générale du costume et de la mode, tome1-2,* Paris, Librairie René Colas, 1933.

（注6） Hiler, Hilaire and Meyer（comp.by）; *Bibliography of costume; a dictionary catalog of about eight thousand books and periodicals,* New York, H.W.Wilson, 1939.

二．十字軍兵士の戦闘服

1．国・地方・民族　―　西ヨーロッパ

2．時期・時代　―　十一世紀末～十三世紀

3．図版解説

十字軍の遠征

十字軍の遠征は西洋諸国のキリスト教徒が、回教徒トルコ人により占領された聖地エルサレムを奪回するために、ローマ教皇の指揮のもとに企てられた。一〇九六年から一二七〇年のあいだ七回～八回にわたり、東方への大遠征がおこなわれたが、第一回（一〇九六―一〇九九）目に聖地を奪回し、エルサレム王国を建てたほかは、すべて失敗した。法王の権威の失墜、封建体制の動揺となったが、三回以降は宗教目的よりも現実的な利害関係に左右されるようになり、当初の目的は達せられなかった。

だがビザンティン文化・イスラム文化の東方の高度な文明や学問を知り、珍しい産物に接し、これらを西ヨーロッパにもたらせた功績は大きく、ルネサンスにも影響を与えている。十字軍遠征は地中海の交通を活発にし、東方との貿易をも盛んにした。

十字軍が高く評価されるのは、東洋の織物や衣服を持ち帰ったことである。西欧にはこれまでなかっ

図10　兵士の甲冑　13世紀

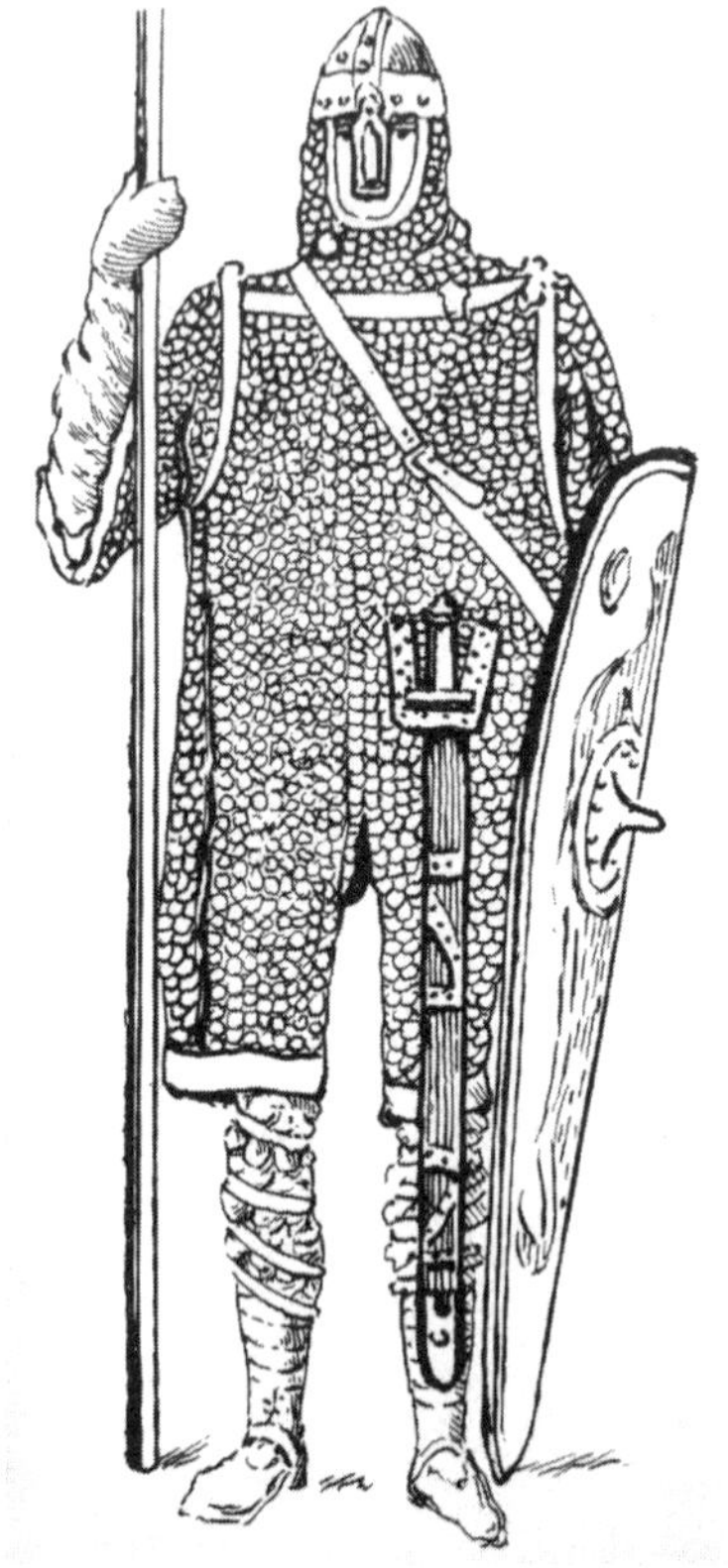

図9　兵士の甲冑　11世紀

た魅力的な豪華な衣装や織物があった。西欧の貴族たち支配階級は、珍しい東洋の衣服製品に奢侈欲望をつのらせた。

十字軍の遠征を契機に東方との貿易は一層活発になり、南フランスやイタリアの大貿易商人たちの商業活動が盛んになった。絹織物やキャラコ、モスリン、ダマスク、サティン、ビロードなどの綿織物、緞子や金襴、金糸入りの絹織物を輸入したことは服装文化史上への影響は大きい。

十字軍の服装と兵士の甲冑

十字軍の戦士たちは、当初は当時代の庶民の服装と格別異なったものではなく、ゆったりとした長着を着用して東方へ向かった。十字軍を示す唯一の印は、一〇九六年の第一回のときは、信仰のしると集合の合図のために、胸に十字架をつけた。

実戦にのぞむ兵種には身分・階級により呼び方が異なる。騎士、騎兵、歩兵、弾兵などなど。

騎兵は馬に乗り戦闘する兵士一般をあらわすが、騎士は貴族出身の兵士を指すことが多い。少年時代から父である領主のもとで訓練を積み、十八歳ごろアドゥブマン（甲冑着用）という儀式によって装備一式を受け取り騎士となる。

さて、馬に乗り実戦にいどんだ騎兵の甲冑はどのようなものであったのか。

十字軍の騎兵の服装は、初期の十一世紀末から十三世紀まで徐々に変化しているが、図9は十一世紀末から十二世紀の軍装である。

騎兵たちはオーベールhaubertという金属の鎖でできた鎖帷子（くさりかたびら）と同質の膝下の

すね当てと短靴をはいていた。金属の鎖は小さな個々の輪状のものを様々なつなげ方で布状に構成されていた。鎧の下には肌を痛めないように麻屑などを詰めた間着（あいだ着：ガンブソン）を着ている。乗馬に便利なように前後にスリットがあり、腿を護る二枚の腿当てがキュロット（脚衣）につけられている。鎧の上には袖なしの長いチュニックを着て金属の光を覆い隠し、錆びを防いだ。顔をまもるためにオームという大兜をかぶるが、オームには鼻当てがつき、後代には面頬（めんぼう）がつけられた。

エキュという中央を金属の骨組で補強した木製の槍を携え戦いに向かう。

十三世紀末には、鎧は鎖製から金属片となり、重みが一層増すので身体に沿うように不用な部分は削ぎとり裁断されて出来ていた。（図10）

騎士は貴族のなかから徴募され、特別な服装で区別された。目じるしとして紋章をつけ、戦闘では騎士は自分のオームの上にも紋章や羽根飾りで飾った。

4．典拠文献

- Boucher, F.; *Histoire du costume :en occident de L'antiquité à nos jours*, Paris, Flammarion,1965.
  『西洋服装史—先史から現代まで』石山彰：日本語版監修　文化出版局　一九七三年
- Leloir,Maurice; *Dictionnaire du costum*, kyoto,Rinsen Book Co.,1992. p.13
- 丹野　郁編『西洋服飾史』増訂版　東京堂出版　一九九九年
- 能澤慧子『モードの社会史　西洋近代服の誕生と展開』有斐閣（有斐閣選書）一九九一年

三．ジャンヌ・ダルクの戦士服

1．国・地方・民族　―　フランス

2．時期・時代　―　一四二九年

3．図版解説

ジャンヌ・ダルク

「オルレアンの少女」「オルレアンの乙女」で知られているジャンヌ・ダルクは、私たちには史実と伝説とが混合されて物語的に伝えられている。

本節で採りあげたのは、女性が男性の戦士服をまとい祖国フランスを救ったという、女性が∧戦士の服装を着る∨というところに視点をおいてみることにする。

十五世紀フランスとイギリスの国王が王位をかけて争った百年戦争（一三三七―一四五三）の末期、戦争の焦点であったオルレアン攻防のさなか、神のお告げを聴いたと称し、一人の若い女性が白馬にまたがり、白金の甲冑に身をつつんで現われた。イギリス軍の包囲が続き絶望的であったオルレアンの町の包囲を解放するために、勇敢に戦い「ジャンヌ・ラ・ピュセル」（聖乙女ジャンヌ）と呼ばれて有名になった。さらにこの乙女はフランス王家の王太子を励まし、北方ランスへの遠征を成功させ、

図11　騎乗時のジャンヌ　1430年

図12　ジャンヌ・ダルク時代の甲冑
1430年

図13　旗印を持つジャンヌ　15世紀末

ランスの教会で聖別・戴冠式を挙行させてフランスがイギリス王家の支配下に陥ることを阻止した。しかし、乙女は敵方に捕らえられて北仏、ルーアンで教会裁判にかけられ、破門、異端者として火刑となり、十九歳の生涯を終えた。

十五年後に、復権裁判により前裁判とその判決は誤りであり、ジャンヌの名誉は回復され、二〇世紀に入り、カトリック教会から「聖女」の称号を賜り、「聖女ジャンヌ・ダルク」が誕生した。

ジャンヌ・ダルクの図像に見られる軍服

ジャンヌがフランスの国民的英雄とみなされるようになるのは、十九世紀も後半になってからである。祖国を救った英傑としてジャンヌ像は様々な形象資料に再現されている。パリ・ピラミッド広場にあるジャンヌの騎馬像をはじめ、タピストリー、細密画に描かれた肖像画、オルレアン司教教会のステンドグラスなど数々ある（図13）。
わが国においては、一九八二年に、ジャンヌ・ダルク研究センター主催の「ジャンヌ・ダルク展」が東京と大阪で開催された際に、本格的にジャンヌ像がポスターや書物に取りあげられた。
教育面では、明治七年頃、文部省で著作刊行された初期の小学校歴史教科書に、すでに取りあげられている。「西洋史略　上巻」には、英国を救った庶民の少女として称えており、次のように記載されている。(注1)
…「ジャンダーク」と名くる女子民間に起りて義兵を擧け「ヲルレヤン」の圍を解き國王の危

難を救ひしかば國内兵を擧て之に應ずる者多く死を決して英國の兵と戦ひ數度の勝利を獲て次第に其土地を回復し全く英兵を攘ふに至る以後両國の戦争始めて息み漸く平穏に至れり。

劇化されたヒロインジャンヌは、写真集で見る限り、多くの場合、顔はおもながでブロンドの美少女に扮しているが、これは創作であって、実際には重い鉄製の甲冑を身につけ、戦場で馬を乗りまわす少女は、きゃしゃな美少女ではなく、頑健な女性であったはずだ。だが、ジャンヌの容姿について、ジャンヌの生前に実際に彼女を見た人によって描かれた肖像画はない。

男性でも二日着ていると疲れ果ててしまう鎧を一週間も着つづけた。これまで一対一の騎士の戦いが習慣であったフランス軍に、集団戦闘という新しい戦法をとり、先頭に立ち軍を指揮したという（図11・12）。

ジャンヌが宗教裁判で火刑をうける異端審問のなかに服装に関する重要な告発箇条がある。（以下、高山一彦著『ジャンヌ・ダルク処刑裁判』より抜粋要約）

一．被告ジャンヌは目的を計画するために男の衣服と自分にふさわしい武具を整えてくれるように要求した。この衣服と武具が調達されると、ジャンヌは以後完全に女の衣服を捨て去った。すなわち髪を小姓風に丸く刈り込み、男のシャツ、パンツ、胴衣、二〇本の飾り紐で胴衣に結びつけられた長いズボンを身につけ、編み上げ靴を履き、膝ぐらいまでの短い上衣をかけて、男性用頭巾を被り、すね当て、拍車、長い剣、短剣、鎖よろい、槍、その他の武具を身につけるようになった。このような武装で被告は戦闘を行ない、これにより被告に啓示された神の命令を果たし、その行為は神の命令によるものだと称するようになった。

二．被告ジャンヌは、下着もズボンも短い下品な男の着るような、女性の貞淑さに背き、教会法規においても破門の罰をもって禁じられている諸行為を、神ならびに被告の言う天使や聖者の命令によるものだと述べている。この命令に従い、被告は度々高価な布や金襴で作られた豪華な衣服を着用した。被告が捕らえられた時、前後左右が割れた金色の上衣を着用していたことは紛れもない事実である。

女性の礼節を軽蔑するだけではなく、教養ある男性なら当然とする儀礼すら忘れて、最も下品な男が着習わすようなあらゆる異様な服装を装い、加えて人に危害を与える武器すら携帯した。

三．被告ジャンヌは数度にわたってミサに与ることを要求したが、その際に男の服を脱いで女の服を着るように勧告を受けた。が被告はこれに同意せず、ミサにも参加しない方を選んだ。（ジャンヌは、わが主の命令によって行なったことを否定するよりも死を選びたいと答えた。）

四．被告ジャンヌは捕虜になった後も、数度にわたり著名な人物から、男の服を捨てて、被告にふさわしい礼にかなった服を着るように忠告をうけたが、被告はこれを実行することを否定し、女性にふさわしい他の諸々の義務を果たすことを拒んだ。

最終判決の要旨のなかで服装に関する条項は、「被告は、神の命令によって男の服装をし、この服装で教会の儀式に参加した。これは神を冒涜・侮辱する行動である。」

服装規定

服装史上、どのような衣服をどう着ればよいのか、という服装生活のありかたは、その時代の社会的背景によって支配、方向づけられる。その時代の多様な状況と関連しながら形成されてきた。

中世の衣服は、宗教的な枠で支配されていた。一方、貴族階級の社会的身分の優越性を誇示するための豪華な衣装への奢侈禁止令などの衣服の規制は、各種の取締り法令が公布されているが、奢侈禁止令は宗教的規定と違い、逆に一層豪華な衣装を求める方向に向かい、守られなかったことが多い。

十四世紀頃ひろまった男女の衣服の相違は、十五世紀になると「規律」としてみなされるようになった。すなわち男性の下半身はズボン型、女性の下半身は長いスカートで脚は覆い隠すという西洋衣服の原型が出来上がり、男女の衣服の性差が明確になってくる。当時、男装は数々の公教会議議決によって禁止されていた。

ジャンヌはこの掟を破り、しかも神聖な教会の儀式に武装で参列した、という異端裁判のなかでも重い条例をやぶったことになる。

（注1）『日本教科書大系十八巻　近代編』講談社　一九六八年　講談社　三八ページ

4．典拠文献

・高山一彦編・訳『ジャンヌ・ダルク処刑裁判』白水社　一九八四年
・Harmand,Adrien; *Jeanne d'Arc, ses costumes,son armure*, Paris, Librairie Ernest Leroux, 1929.
・高山一彦『ジャンヌ・ダルク―歴史を生き続ける「聖女」―』岩波書店（岩波新書）二〇〇五年

5．解題

Harmand,Adrien; *Jeanne d'Arc, ses costumes,son armure*, Paris, Librairie Ernest Leroux, 1929.
アルマン『ジャンヌ・ダルク　その服飾と甲冑』

アルマンによる本書は、この聖乙女（ジャンヌ・ラ・ピュセル）が神の啓示によって出陣したときから、生きながら火刑に処せられるまでの彼女の服飾、および甲冑の調書である。

十五世紀の衣服の実物資料は皆無といってよいが、同時代の、あるいはそれに近い時代に書かれたジャンヌの服装、および当時の一般的服装に関する――時には互いに食い違った――文字史料と、死後または生前に人づてにより得た情報によって描かれた彼女の肖像画とその他の絵画や彫刻の史料を対照させて、客観的な立場を守りながら事実の究明に努めようとしている。

内容は三部からなり、第一部は出身地ヴォルクールを男装で出発し（一四二九年二月）、トゥールに至るまで（同年四月）、第二部はトゥールで身体に合った甲冑を誂えて更に進軍し、コンピエーニュで捕らわれるまで（一四三〇年五月）、第三部はそれ以降、処刑のとき（同年五月三〇日）までを扱っている。特に第一部では男子服、第二部では武装、第三部では男子服と女子服に詳しい。

四．十七世紀のフランス騎士

1．国・地方・民族　―　フランス

2．時期・時代　―　一六一〇〜一六四三年（ルイ十三世時代）

3．図版解説

洒落男の騎士服

中世の十字軍時代は、騎士は聖職者、農民、市民とは区別された身分であり、高位の貴族が世襲的に受け継いでいたが、十五世紀を過ぎると王侯の名誉ある武人の意味で、戦士でなくても騎士と呼ばれるようになる。アンシャン・レジームのフランスにみられるように、高等法院や会計院などに席をもつ官職ブルジョアの新貴族が台頭してくると騎士制度も、もはや武人としての能力や資格ではなく、世襲により引き継ぐ権利か、君主から賜る特権などにより特権身分として貴族制度へと変質していく。

図14はそのような時代の騎士である。

騎士の衣服を見よう。

ダブレッド（上着）には、やや膨らんだ袖と胸元にスラッシュ(注1)があり、首の前でボタン留めにする高い衿があるが、ラフ（鬟衿）にかくれて見えない。全体的にバロックのような技巧的で窮屈なシル

図14　野戦服のフランス騎士　サン＝イニー画　1629年

エットからゆったりした単純化された衣服に移行している。こうした前世紀から十七世紀における変化は、まず戦う騎士の服装に現われている。ラフも大型の首を締め付けるようなものに代わり、折り返る平らな衿となり、トランクホーズ（ズボン）は両脇にスリットのある裾長のゆるやかなかたちとなる。そのどちらにもブレードの縁飾りがほどこされており、刺繍のある籠手（こて）つきの手袋をはめ、右肩から肩帯をかけている。

折り返しのあるブーツと左肩だけにかけたマントは、中世風騎士スタイルである。

プリム（つば）の広いフェルト帽をかぶり、ダチョウの大きな羽根飾りをサイドから後頭部にかけて垂れ下がるようにつけている。羽根の数は二本、色は黒か茶色やグレイである。

この時代は剣を縦横にふりまわすフェンシングが盛んで、羽根飾りは右腕の邪魔にならないように左側か後ろにつけられた。

フランスの作家アレクサンドル・デュマの『三銃士』などに見られる衣装である。

西洋では古くから帽子に羽根飾りをつける習慣がある。もちろん美々しくおしゃれに見せる目的が多かったが、羽根飾りについて、

羽根飾りが本格的に登場するのは、十四世紀のはじめで、最初のうちは長い直立した羽根を一本だけ留めつけていた。羽根飾りは比較的高価であったにもかかわらず、十五世紀末ごろには、熱狂的ともいえるほどの流行となった。東洋の珍しい鳥の羽根が輸入され、とりわけ、孔雀やダチョウの羽根は非常に優雅なものとされました。鉄かぶとにまで、孔雀やダチョウの羽根が

ふんだんにとりつけられたほどでした。（注2）

この時代の服装は画家のジャック・カロやアブラーム・ボスが描く肖像画に多数残されている。ボスの作品に、貴族で賑わう宮殿の回廊の商店を描いた作品があるが、そこにはレースや衿やカフス、靴下の飾りまでの服飾品を所狭しと並べられている。女性よりもむしろ男性がレースを愛用した時代でもある。ブーツの縁飾り、靴下どめ、手袋の金レースとあらゆる部分にレースが使われている。

（注1）スラッシュslash：十五世紀末、はじめは兵士服にあらわれた。裂け目のことで、袖や肩の外側の布地に裂け目を入れ、動きやすくしたことであるが、裂け目のあいだから中に着ているシュミーズや鮮やかな裏地がはみ出し、それがかえって装飾として好まれ、勇敢に戦う傭兵の象徴となり、当時のモードとなった。新しい布地にわざわざ裂け目を入れ、宝石や別布をつけた異様に誇張されたデザインが衣服のあらゆるところを飾り、帽子や靴にまでおよんだ。それがヨーロッパ諸国のとくに男性服に広まった（他にも説あり）。

（注2）永森羽純『帽子の物語』河出書房新社　一九九五年

兵士の服は現代紳士服の基礎

十七世紀に入ると、市民の力で支えられているオランダが世界繁栄の新しい担い手として支配し始める。織物産業などの隆盛機運につれて、貿易が栄え、市民生活の上昇は、服飾文化、ことに男子の衣服には直接的に影響し、豪華より実用を、貴族調より市民調を求めるという新しい傾向が生まれてくる。

この世紀は西洋一帯が激しい戦火に見舞われた時代だったが、ドイツ、イギリス、フランス諸国においても、旧来の窮屈な服装を捨てて、オランダ調の穏やかなゆったりした衣服を模倣しはじめた。この安楽な実用的な男子の服は、まず兵士服に取り入れられ、これを契機に男子の市民服は、実用性のある、実労、遊学など動く生活とともに、近代的市民服の確立へと向かう。

実戦を支えた傭兵たち

馬上で戦う騎士は先にあげた『三銃士』のように物語や歴史上に名を残した人物もいるが、戦いの勝敗を決める軍隊を構成している大多数の兵士は傭兵であった。

十八世紀、君主の権力が強くなる絶対王政のもとでは、君主に直属する将校のもとで常備軍が組織され戦いが行われたが、十六〜十七世紀の軍隊の組織はまだ常備軍でなく、多くの兵士は寄せ集めの傭兵で組織されていた。指揮官である将校階級は貴族であり、それ以下の階級は平民というように、社会的出自がほぼ二分されていた。上級将校職は、上はヨーロッパの高級貴族から下は地方の下級武士にいたるまで貴族によって独占されていた。中には輝かしい武功により昇進をとげた幸運な平民兵士も若干は存在したが、一般兵士が昇進できたとしてもせいぜい下士官ぐらいまでであった。

この時代はヨーロッパ中が戦場となり、支配階級が入り乱れて掠奪がおこなわれた。兵士の需要が多く、各地から傭兵が集められ、戦場に送り出さなければならなかった。

傭兵を集めるのは募兵将校が担当した。通常は古参兵や鼓手、旗手などを引き連れて、人がたくさん集まるお祭りや年の市に村や町をわたり歩いた。ドラムを高く鳴り響かせ、志願兵の募集を呼びかけた。十六・十七世紀頃までは人口増加により、職を持たないあぶれ者など大量の貧しい下層民が生まれ、農村経済も限界に達し、出稼ぎなどをしなければ生活ができなかった。生活基盤を失った彼らにとって傭兵になることは生活を安定させるための一つの魅力であったのであろう。傭兵に志願した人びとは検査を受け、軍旗に忠誠を誓うと軍隊の一員になり契約により俸給と食事が確保された。十七世紀初頭の三〇年戦争時代は、上下の命令服従関係は厳然としていたが、兵士の共同体ともいうべき繋がりはあり、傭兵の自由もある程度認められていた。

傭兵に採用された夫の妻子も軍に加わることができた。彼女らは料理や傷病兵の看護、身のまわりの世話を仕事とした。

傭兵軍時代の軍隊には軍服は存在しなかった。兵士たちは思い思いの衣装を身につけていた。兵士たちが身につけるものとして、頑丈な靴、分厚い靴下、丈夫なズボン、粗製なシャツ二枚、水牛の皮でできた胴着、雨よけマント、つばの広い帽子があげられているが、実際にはレースの衿飾りのついた派手な胴着を着て、帽子には羽根飾りをつけた贅沢な身なりをしていたが、自費でまかなっていた。のちの常備軍兵士には軍服が支給されたことを思えば、この時代の傭兵は、たとえ出自が社会的に低くとも傭兵という軍職にある種の誇りをもち、貴族の将校たちの華麗な衣装への憧れであったのかもしれない。

しかし、こうして集められた傭兵は、実戦では指揮官に続き第一線で長い矢をもち隊列を作り、もっとも危険な任務を背負っていた。

4．典拠文献

・Boucher, F.; *Histoire du costume :en occident de L'antiquité a nos jours* . Paris, Flammarion,1965.
『西洋服装史―先史から現代まで』石山彰：日本語版監修　文化出版局　一九七三年
・遅塚忠躬『ヨーロッパの革命』（ビジュアル版世界の歴史14）講談社　一九九一年
・丹野　郁編『西洋服飾史』増訂版　東京堂出版　一九九九年
・M・ハワード著　奥山房夫・奥山大作訳『ヨーロッパ史と戦争』学陽書房　一九八一年

第三章　祝祭服・儀礼服

＊民族（俗）服は、その衣装を着用する民族集団やある地域の人びとの自然的環境、あるいは社会的・文化的な環境のアイデンティティーを示すものである。

＊祝祭服・祭礼服・儀礼服は、民族（俗）服に含まれるものが多く、日常の衣服と異なり特別の意味をもっている。

＊祝祭服は「ハレの衣装」ともいわれ、普段着とはちがう刺繍やレースで豪華に飾られている。祝日には、その地方の伝統の衣装を着る。

＊ヨーロッパの祭りは圧倒的にキリスト教の教会行事と結びついたものが多く、復活祭、聖霊降臨祭、クリスマスなど年間の教会暦を埋め尽くしている。だが一方で、世俗的な民間行事、農耕や牧畜などの感謝の意味をこめた古代からある豊饒儀礼を受け継いだ祭りも多い。また両者が結びつき季節の様々な祭りもある。

＊儀礼服としては、代表的な花嫁衣装、洗礼服、喪服をとりあげた。

一．ロシア　モルドヴィア地方の婦人

1．国・地方・民族　―　ロシア（モクシャン族　モルドヴィア地方）

2．時期・時代　―　十五世紀～十八世紀

3．図版解説

モルドヴィア地方は、ウラル語族、フィン語系に属している。旧ソ連邦のモルダヴィア共和国、西はルーマニア共和国と国境を接し、ヴォルガ川中流にあるカザン市の南側に位置する。国土の大半は標高二〇〇メートル以下の丘陵地帯で穏やかな大陸性気候。ほとんどが豊かな黒土地帯で、オーク、カエデなどが生育する森林地帯が占めている。…というような民族・地理的事項の説明より、ロシア民謡でなじみ深い「ヴォルガの舟歌」、そのヴォルガ川一帯の地域といった方がイメージしやすいかもしれない。

図15の婦人は、祝祭日などに着る華やかな衣装を身につけている。

頭部には「パンガ」とよばれるあまり高くない、細工をほどこしたリネンで作られた帽子をかぶっている。髪はふつう二本のおさげにしているが、若い娘たちはいく筋にも分けて編み、先端には珊瑚やビーズで止める。髪を太く長く見せるために、黒いウールの毛を髪の毛に混ぜ、うしろの髪の毛を

図15　モクシャン族のモルドヴィア地方の婦人
（A mordvine of the mokshan tribe）

二つに分けたところに帽子を留めつける。長く編んだおさげは上衣の肩や胸のところまで垂れている。（典拠文献ではロシアの代表的な服「サラファン」という用語は見出せなかった。）

晴れ着の上衣は上質な生地で仕立てられ、錦糸銀糸の刺繍や彩色した革、宝石やビーズなどの様々な材料で大胆に美しく装飾してある。衿もとにはビーズのネックレスが何連にも連なり、これを「ジィフクス」という。「シアイ」とよばれるものは、ベルトにとどくぐらいの長さで、エナメルや貝殻（真珠）で飾られている。樹皮でできた靴をはき、ストッキングの代わりにリネンの布を足にまきつけてある。

4．典拠文献

• *Picturesque representations of the dress and manners of the Rusians, illustrated in sixty-four coloured engravings with descriptions,* London, Printed for Thomas M'Lean, haymarket, 1814.

『ロシアの服装・風俗図集　六四枚の解説付き彩色版画で図解した』

5．解題

クォート判（24×17㎝）。表紙は赤茶色のマーブル模様の紙装であるが、背の部分は同色の革を用いている。

標題紙、献辞、序文、目次に続き、六四枚の手彩色銅版画からなる。大部分は見開き一ページの左側に図版、右側に英語による図版解説という構成。解説は描かれている人物の職業や身分、身につけている衣服、帽子、靴、アクセサリーのほか、その土地や生業などについてである。

六四枚の図版はおよそ四つのブロックに分けられる。図版一から一七はフィンランド系民族の婦人、モルドヴィン人、オスチャーク族の冬のハンター服など。一八から三五までは、タタール人の女性、パシカールの婦人、ヤクートの未婚女性など。三六から五〇までは、サモイエド人、シベリア東部の民族服で、トングースのシャーマン、カムチャツカの婦人、アリューシャン人など。五一から六四まではモンゴル人とその他のロシア小数民族の人々が描かれている。

序文では、ロシア帝国と本書の刊行に到った経緯について次のように述べている。

「ロシア帝国は、当今の国々にあまり評価されていないが、その勢力はローマ帝国に匹敵するほどである。帝国は多種多様な民族、国を擁しており、領土が広大であることから、北から南まで気候的にも寒暖の差は大きい。それは北の凍った大洋から南のペルシア、日本、中国の暖かい気候にも通じている。ロシア帝国の領土は大陸の七分の一、地球全体の二六分の一を占めている。（中略）この権威ある出版は、晩年の皇后（エカチェリーナ二世：筆者注）の切なる要望により、ミュラー博士の監督のもとで計画、編集された。図版はペテルブルグで一七七六年から一七七九年までにシリーズで出された信頼すべき銅版画からの模写であり、解説はミュラー博士の『ロシア帝国民』から引用している。」

序文にある本書のもとになっている文献は書誌（注1）によると、図版はゲオルギ画『ロシア帝国民の生活様式（注2）』であり、解説は『ロシア帝国の服飾（注3）』であることがわかった。

「ロシアの民族服」に関する古典的文献

ゲオルギ画『ロシア帝国民の生活様式』は、「宗教、習慣、家屋、服装、その他の特色ある描写」というサブタイトルがあり、一七七六年から一七八〇年まで四冊本の続きページのシリーズ本で刊行された。総ページ五三〇ページにおよぶボリュームで、楽譜なども挿入されていたらしい。各巻はそれぞれのタイトルをもち、セントペテルブルグで刊行されている。九五枚の手彩色銅版画は精緻で彩色も美しく、まことにみごとである。テキストは独・仏の二か国語であったらしいが、筆者が勤めていた図書館には、図版のみ合冊したものが納入されている。

ゲオルギ版はロシア民族服の典拠として後世の文献に多く用いられている。

（注1） René Colas *Bibliographie générale du costume et de la mode, tome1-2,*; Paris, Librairie René Colas, 1933.

（注2） Georgi,Johann G.; *Beschreibung aller Nationen des russischen Reichs,* St.Petersburg, C.W.Muller, 1776–1780.

（注3） *The costume of Russian empire,* London, W. Miller, 1803.

二．ウエールズ　ドルイドの祭礼服

1．国・地方・民族　―　ウェールズ　ケルト人

2．時期・時代　―　？～十二世紀頃

3．図版解説

ドルイドについて

ケルトの歴史とドルイドの起源については、とても語り尽くせぬが、ドルイドとは古代ケルト人の信仰を司った聖職者の名称である。

ケルト人がブリテン島に侵入した時期については諸説あるが、前五世紀頃ドルイド教はブリテンで発達し、その後ほかの地域に伝播したらしい。

歴史家タキトゥスによれば、紀元後六一年にローマ軍がウェールズのアングルシー島を攻めたとき、ケルトの信仰とドルイドは衰え、キリスト教の普及とともに消滅したが、民話や地方の慣習のなかに残存している。

ケルト人の信仰は宇宙神を中心とする独特の神の体系をもっていたと推定される。霊魂不滅、自然崇拝が盛んで、聖なる森、樹木を非常に大切なものとして崇拝していた。ドルイドは「オーク（樫の

図16　イギリスの古代研究家ウイリアム・ステュークリーが1740年に想像で描いたドルイドの像

図17　エイステッズバッド(ウエールズの芸術祭)の祭司：ドルイドの衣装　20世紀　(撮影　Ian Bevry)

木）」と関係があり、「樫の木の賢者」とよばれた。

ドルイドは神からの霊感によって知恵を恵まれ、神事を司り、公私の区別なく供犠を正しく執り行い、儀礼上の問題について解釈をくだす。ケルト社会では、知者、判事、預言者、天文学者、神々の仲立ちをする者として非常に尊敬された人物である。『図説ケルト』では、ドルイドについてこのように説明している。

ドルイドについては謎のベールに包まれている。彼らは次の世代に教えを文字ではなく、口承で伝えた。そのため彼らの教義は、彼らが死に絶えるとともに不明になってしまった。彼らの考古学的な証跡は何一つ残さなかった。ギリシア、ラテン世界の史料やのちのアイルランドの民話でドルイドの名は永遠に残され、しばしば想像力豊かに伝えられてドルイドの真の姿はいっそう曖昧になってしまった。（注1）

伝統的な祭りエイステッズバッドが開かれると、ケルトの歴史を偲んで、吟遊詩人たちが歌い、詩を披露した。音楽、合唱、散文朗読などでもっとも優れた者には賞を与えた。その審査員はドルイドの衣装をまとう。

ドルイドの衣装

ドルイドの宗教服についても起源ははっきりしていない。ケルト人がガリアに侵入したころであろう。服飾研究家ブーシェはドルイドの衣装を次のように述べている。

ガリアには宗教服はなかったらしい。プリニウスによれば、ドルイド教の僧侶が、やどり木の摘み取り、あるいは供犠の儀式用に白の寛衣（ゆったりした長衣：著者注）を着ていたということであるが、これを立証する確かな資料はまったくない。おそらくこれはガリア風のありふれたチュニックに何か特殊なものをつけたにすぎなかったと思われる。(注2)

図16は、イギリスの古代研究家ウィリアム・ステュークリーが一七四〇年に想像で描いた像である。筆者は服装史の本を参照し、図17の衣装のおよその年代を調べてみた。司祭などが着用する宗教服はローマ時代では市民服とそれほど変わらないもので、使用法と装飾の違いがあったくらいだ。図の衣装は、四世紀から十二世紀ぐらいであろうか。その間も歴史的にあまり変化していない。つまり、ローマ帝国末期からビザンチン帝国時代中期までを範囲とする衣装と思われる。ただし、この図の衣装は部分的に現代風にアレンジされているようにも見受けられる。

長衣ローブは、僧侶、伝道者の服装とみなされ、キリスト教の普及とともに広まっていった。前の二人が着ているのがアルパ（袖は長いが袖幅は狭い）、またはトゥニカ・タラリス（くるぶし丈のチュニック）、その上にシャズューブル（上祭服）をかぶる。シャズューブルはもともと市民服であったものが典礼服となったもので、円形に裁たれた大きな布地で中央に頭を通すあきがあった。後代には裁断に修正が加えられ、前の寸法が詰まり両側に弧状の切り込みが入った。頭には初期のかたちのティアラをかぶっている。後者の方は、司祭服（シャープ）、手首まである長い広袖のダルマティカ、首の周りの装飾はアミクトゥス、そのほか聖職者特有の服飾名が付けられている。

注1　James, Simon: *Exploring the world the celts,* 1955. The japanese edition published by arrangement with Tames and Hudson Lrd. London.
サイモン・ジェームズ著、井村君江監訳『図説ケルト』東京書籍　二〇〇〇年　一五四ページ

注2　Boucher, H. and tr. by J.Rdss, J.: *A history of costume in the west,* London, Thames and Hudson, 1967.
フランソワ・ブーシェ著　石山彰日本語版監修『西洋服装史―先史から現代まで』文化出版局　一九七三年　一三九ページ

4．典拠文献

- 『世界の民族3　ヨーロッパ』平凡社　一九七九年
- Boucher, H. and tr. by J.Rdss, J.: *A history of costume in the west,* London, Thames and Hudson, 1967.
  フランソワ・ブーシェ著　石山彰日本語版監修『西洋服装史―先史から現代まで』文化出版局　一九七三年
- James, Simon; *Exploring the world the celts,* 1955.
  サイモン・ジェームズ著、井村君江監訳『図説ケルト』東京書籍　二〇〇〇年

三．教会へ向かう老女とパルドン祭

1．国・地方・民族　―　フランス　ブルターニュ地方

2．時期・時代　―　パルドン祭　十一世紀〜

3．図版解説

伝統の円筒形の帽子

ブルターニュの荒野の小さな村では、日曜日になると人々は教会に集まり、ミサを捧げる。中年を過ぎた女たちは白いレースの丈の高い伝統の円筒形の帽子で髪をまとめ、だぶだぶの黒いスカートの上に前垂れをかけて出掛ける（図18）。

パルドン祭　Les Pardons

土地の聖者をたたえる伝統のパルドン祭には、老女たちは丈の高い帽子をかぶり、岩のあいだの聖廟へ向かって行列をつくり進んで行く。祭殿は丘の上とか岩屋の中といった居住地から遠く離れた場所に設けられていることが多い（図19）。

ブルターニュ人の源流はケルト人である。ブリテンからの移住者や亡命者が四五〇年にロワール川

図18　ブルターニュ地方
教会へ向かう老女
20世紀　（撮影
Bryn Campbell）

図19　ブルターニュ地方「パルドン祭」に向かう老女　20世紀　（撮影　Elliott Erwitt）

以北の土地に小王国を建設した。彼らはケルト語に近いブレトン語をつかっていたところから、ブレトン人＝ブルターニュ人とよばれるようになる。ケルトのしきたり、方言、古代の遺物はほとんどもとのままで伝わってきた。古代ケルト人以来の口承文学の伝統も残っている。

パルドン祭はブルターニュ地方の人々にとって大切な伝統行事になっている。祭殿の礼拝堂には聖者の墓があり、人々は祈祷を捧げ崇拝する。そのあと、墓を中心にパルドン祭の行事である様々な遊びや踊り、歌がはじまる。縁談がまとまるのもこの日であった。古代ケルト人独特の神秘感がただよう祭りである。

ブルターニュ地方はイギリスに近いフランスの突端にあり、フランス領でありながら、ケルト人の歴史のなかで長いあいだ生き続け、とりわけ老人たちにはその思いが強い。フランスの他の地方から孤立した別世界で生活してきた。

フランスの大部分の地方は、革命後は十九世紀の都市型のファッションが情報源であったが、孤立していた地方では保守的で伝統的な衣服や装飾品が守られてきた。

パルドン祭は現在でもブルターニュ地方の各地で行われている代表的な祭りで、おもに五月から九月にかけてある。「パルドン」が意味する〈許しを乞う〉のように一年間の自分の犯した罪を懺悔すると許されるとされている。教会のミサに始まり儀式のあと、民族衣装を着た人々がバンエールとよばれる旗や十字架、聖人の像を持ち、ブルトン語で聖歌を歌いながら行進する。

4．典拠文献

・『世界の民族3　ヨーロッパ』平凡社　一九七九年
・James, Simon; *Exploring the world of the celts*, 1955.
サイモン・ジェームス著　井村君江監訳『図説ケルト』東京書籍　二〇〇〇年

四．聖週間（ホーリー・ウィーク）の行列衣装

1．国・地方・民族　―　スペイン　カスティリヤ地方　セビリア

（イタリアのシチリア島、南フランスのカタロニア領ペルピニャン町）

2．時期・時代　―　六世紀？〜

3．図版解説

聖週間の行列衣装

聖週間とは、復活祭を祝う一週間前のことで「受難の週」「嘆きの週」ともよばれ、キリストが磔にされた十字架の受難を偲ぶ厳粛な行事がとりおこなわれる。セビリア地方ではこの聖週間、ホーリー・ウィークに行われる伝統の行列行事がある。

図20を見よう。見るからに奇妙な衣装である。

足元まである長いゆったりした法衣、まるで幽霊のような衣装を身にまとい、九〇センチほどもある丈の高い先の尖がった帽子をかぶる。これはキリストの受難の姿と、死の行進を再現している。

この衣装は「ナサレーノ」（悔悟する者）とよばれる人が身にまとう衣装で、そのみなもとは異端者審問にかけられ、処刑される人間が着た衣服なのだそうだ。外から見えるのは穴の開けられた目の

図20　スペイン　カスティリャ地方
「受難の週」の行列　20世紀

図21　ナサレーノの衣装　13世紀

部分だけで、悔悟しているのが誰なのかわからないようになっている。ある者は十字架を背負い、ある者は裸足に鎖をつけた状態で、キリスト像やマリア像を載せた「パソ」という山車に従って何時間も歩き続ける。この行列に参加する者は町の信徒団体の修道士たちで、先導役のリーダーが地面を杖で打つ音に従ってパソが教区から教区へと行進する。

この衣装は、その後、宗教裁判の時代や、証言に立つもの、死刑執行人など顔を隠すのに使われ、ヨーロッパの各地で〈素性を知られたくない懺悔者〉たちがこれを愛用したといわれている（図21）。

パソはキリストのイェルサレム入城から十字架の磔刑、そして埋葬と復活の場面を表現した街頭のキリスト受難劇で、重い鎖を引きずる音が幻想的な雰囲気をかもしだす。聖週間の典礼をさかのぼるとイェルサレムから起きたものである。

キリストが使徒たちを従えてイェルサレムに入城した日、イェルサレムの群集は棕櫚《しゅろ》の葉を手にして歓迎したという。この日を「棕櫚の日曜日」とよぶ。

この悲愴な行事が終わり、復活祭になると闘牛や様々な競技、パレード、ダンスなどが村をあげて賑やかに行われる。娘たちは着飾り、カラフルな衣装とフードを身につけ、キリストやマリアの肖像画などを持って町の通りをねり歩く。陽気で活気があふれる本来の祭りがやってくる。

オレンジの花の香りがただよう春三月下旬から四月に行われる。

カスティリャ地方の聖週間

ヨーロッパはどの国も先史時代から中世にかけて民族や宗教、領土問題で長い戦争をくり返して来た。ここイベリア半島も同様である。

五・六世紀ゲルマン部族が半島に進出して公式にキリスト教を信奉し、その法のもとに国が治められていた。八世紀になると、北アフリカ半島から渡ってきたムーア人が半島を支配しはじめ、ほぼ全土を支配下に治めた。イベリア半島は何世紀にもわたり、イスラム教の宗教とその文化の影響を受けることになる。

イスラムによる支配は、この地に文化や芸術の分野においては貴重な遺産を残した。大理石を使った壮麗なアラベスク様式で装飾した庭園をもつ宮殿やモスク城がグラナダ、コルドバに残されている。しかし、イベリアのキリスト教徒たちは、ムーア人に対抗して（レコンキスタ）、個々に独立した王国を築き、宗教に関してはローマ・カトリック教会に全面的に信仰して、イスラム教ばかりではなく、カトリック以外のすべての信仰に対する迫害を進めた。宗教的に苦難の道を歩んだスペインの国民には、数多くの宗教的祭りがあり、祭りにはそれぞれ歴史的意味が込められている。

各地で行われる聖週間と復活祭

こうした悲しみを表現した行事と春の賑やかな行事の二つの対称的な祭りは、カスティリャ地方に限ったものではなく、復活祭として、カトリック、特に宗教色の強い地域で盛大に行われている。多くの国々で冬の悪魔を払い、春を迎えて農作物の豊饒を期待する古代の習慣を引き継いでいる。

復活祭、キリスト復活の祝日はその年により移動する。春分の日以降の最初の満月の後の日曜日がこれにあたるからである。

カタロニア人の伝統的な民族文化が色濃い南フランスのペルピニャン町の祭りでは、聖週間の行列では赤い頭巾の法衣を着る。ベルギーの首都ブリュッセルに近いワロン地方においては黒い法衣とフードをかぶり、懺悔の行列が行われる。

イタリアのシチリア島においては、「棕櫚《しゅろ》の日曜日」には、信者たちが棕櫚の枝を持って教会に集まり、祝福をうけたのち、平安と繁栄を祈って棕櫚の枝を家に飾る。

4. 典拠文献

- 浜本隆志、柏木治編著『ヨーロッパの祭りたち』　明石出版　二〇〇三年
- 植田重雄『ヨーロッパの神と祭り』早稲田大学出版会　一九九五年
- 谷口幸男、遠藤紀勝『図説ヨーロッパの祭り』　河出書房新社　一九九八年
- 『世界の民族と生活6　南ヨーロッパ』　ぎょうせい　一九八二年

五. 嘆きの聖母マリア巡礼祭

1. 国・地方・民族 ― ポルトガル ミーニョ地方

2. 時期・時代 ― 十三世紀?～

3. 図版解説

マリアの崇敬と嘆きのマリア

クリスチャンでない者にとってもマリア様の名は幼いころから胸のどこかにひっそりと生き続けている。

とくにキリスト教圏のヨーロッパの人びとにはマリアは愛され、神のごとく信仰された。十世紀頃から多くの彫像の主題にも選ばれ、「ロザリオの祈り」「悲しみの聖母」などの祈祷文や賛歌がつくられ、巡礼祭がいまなお引き継がれている。

聖書のなかのマリアは、イエスの母に選ばれた名もなく貧しいユダヤの一少女にすぎず、世間の普通の母とすこしも変らない。それなのにマリアは、神のごとく信仰され、苦しいときにマリアに祈るのは、マリアは単に「キリストの母」としてだけではなく<神の母>として崇敬されているからであろう。

図22　ポルトガル 収穫感謝祭　20世紀（撮影　遠藤紀勝／芳賀ライブラリー）

母マリアは、息子のキリストが当時もっともむごい刑により腰布をまとっただけの囚人として、ゴルゴダの刑場で十字架に釘づけにされたとき、息子の苦しみと死をむかえる姿を見て悲しみ泣きくずれたと想像される。だが、福音書ではマリアの生涯や、キリスト処刑の際に嘆き悲しむマリアについての叙述は一切ないと、聖書関係の文献には著されている。ではなぜマリア崇敬と嘆きのマリアは生まれたのだろうか。

中世における十字軍の遠征やキリスト教の繁栄とともにマリアは神的なるものと母なるものが一体となり〈神の母〉が形成された。

これにはキリスト教の母体となっている大地母神崇拝、とりわけ一般庶民のあいだで根強く生き続けている民間信仰とが、マリア像に投影されたことが崇敬の要素となっていると思われる。

そして、「悲しみのマリア」はキリストの処刑を目前にして母の悲しみをこらえているマリアの苦しみが中世以降の伝統的女性観と重なり、神聖化され、崇拝像がかたちづくられ、急速に民間に伝播した。一九五〇年にはピウス十二世によって被昇天祭の教義が公認されるに至った。

巡礼祭として世界的にも有名な場所、フランスのルルドやポルトガルのミーニョ地方は、かつてマリアが出現したという奇跡がこれらの巡礼地の元となっている。

付け加えると、「マリアは十四歳のとき聖霊によりキリストをみごもり、三三年間キリストとともに生き、キリストが処刑されたのち五年間もキリストの墓を守り続けてきたマリアが、この世を去ったのは五二歳のときでした。(注1)」

ベネチアのサンタ・マリア・グラリオーザ・ディ・フラーリ聖堂に著名な画家ティツィアーノの「聖

母被昇天」（一五一六〜一八年　油彩）には、天使たちがつくる光に満ちた輪のなかを聖母マリアが軽やかに上昇して行く姿が描かれている。

形象資料にあらわされたマリアの衣装の色をあげておこう。

壁画のなかの悲しみのマリアは、紫色の上着を着ていることが多い。紫は、悲しみと苦しみをあらわす色として用いられた。おさな子キリストを抱いているマリアは、たいてい、愛と勝利の象徴である緋色の衣を身につけている。清純・純潔・謙譲・豊饒をあらわす青色のマントをはおっている聖母マリア、降誕の場面では青色のほかに白いマントをまとっている像もある。(注2)

悲しみの聖母の祭り

ポルトガルの最北部、スペイン国境に近いミーニョ地方では、カトリック信仰が篤い。ミーニョ地方は緑あふれる田園地帯である。初代ポルトガル王アルフォンソ・エンリケス誕生の地であり、古くローマ時代から栄え、中世には宗教の中心地であった。

聖母マリアが天国に召された被昇天の日、教会から嘆きのマリア像が運び出され、白いヴェールや衣装を着たかわいい天使に扮した子供たちが、花飾りの燭台に載せたろうそくを持って厳粛な行列を先導する。この祭りのハイライトはミーニョ地方の美しい民俗衣装で着飾った女性たちのパレードである。

黒や暗色のビロード地にたくさんのガラス玉を使用した装飾細工と刺繍がほどこされたスカートは

目をみはるばかりである。色鮮やかな豪華な刺繍は世界に誇れる民俗衣装である。

ヨーロッパのキリスト教国のなかでも、イベリア半島は熱心な聖母マリア信仰の国であることから、聖母マリアを祝う祭りが数多く存在する。そのなかでも聖母被昇天祭（八月十五日）と聖母マリア誕生祭（九月八日）は各地でもっとも盛大に祝われている。典拠とした文献に「女性の働き」に対するマリアのやさしいまなざしを感ずる文章を見出したので引用しておく。

キリスト教歴では、聖母マリアが召された八月十五日から誕生日（九月八日）に続く八日までの三二日間を「女の三〇日間」といい、自然は温和で植物や動物にも祝福が与えられるとされている。（中略）聖母マリアの被昇天祭は、宗教的な儀式であると同時に、豊作、豊漁を祈る生活に結びついた行事である。（注3）

頭には大きなワイン壺を載せた女性たち。収穫感謝の祭りである（図22）。

（注1） 石井美樹子『聖母マリアの謎』白水社　一九九五年　一六七ページ
（注2） 注1と同掲書
（注3） 谷口幸男、遠藤紀勝『図説ヨーロッパの祭り』河出書房新社　一九九八年　九七・一〇九ページ

4. 典拠文献

・内藤道雄『聖母マリアの系譜』　八坂書房　二〇〇〇年
・石井美樹子『聖母マリアの謎』　白水社　一九九五年
・谷口幸男、遠藤紀勝『図説ヨーロッパの祭り』　河出書房新社　一九九八年
・浜木隆志、柏木治編著『ヨーロッパの祭りたち』　明石出版　二〇〇三年

六．ロマン主義時代の結婚衣装

1．国・地方・民族　―　フランス

2．時期・時代　―　一八三六年

3．図版解説

ロマン主義時代の服装

ナポレオン帝国の崩壊を契機に、ヨーロッパの各国は現体制に対する反動勢力が強まっていく。フランスでは革命前のブルボン朝のルイ十八世が継ぎ、パリへの帰還はブルボン王朝の貴族的な風潮が再来した。十九世紀初頭から中期に展開された時代様式をロマン主義時代とよんでいる。ロマン主義時代とは、理性よりも感性を優位におき、感情の自由な表現を尊ぶ運動を指し、文学をはじめ、音楽・美術にも波及した。また同時代のモードの傾向にも影響を与え、懐古趣味、非現実的で異国的な衣装が流行した。

モードにおけるロマンチック様式があらわれるのは、一八三〇年代のルイ・フィリップ時代である。『西洋服装史』の著者ブーシェは、この時代のスタイルの特徴を次のように語っている。

図23　花嫁衣装　レースのドレスを重ねたサテンのドレス
（Toilette de Mariée,… ）1836年

女性たちはますます胴を締め上げ、スカートを釣鐘形に、袖をジゴ形にひろげて、みずから非物質化すること、つまり天使か、蝶に似ることを望んでいるかのようだ。(注1)

ロマン主義時代の花嫁衣装（図23）

このウエディング・ドレスも、時代のシルエットがあらわれている。サテンのドレスにさらにレースで覆い、逆V字型のスカートを重ねる趣向はロココ風、あるいは十七世紀のスペイン・モード風でみやびな雰囲気を盛りあげている。ウエストをより細く、スカートをふっくらと円錐形に保つには、ふたたびコルセットとペティコートが登場した。髪型も小さくまとめられ、当時はやりのスタイルである。

プレートの解説によると、「左部分の机の書類にサインをしている場面と正面向きでドレスを見せている、時間の異なる二場面を一枚の画面に描いている新奇な思いつき」が、著名なランテによって描かれている。

ウエディング・ドレス

「ウエディング・ドレスは花嫁が着る衣装の総称。フランス語ではローブ・ド・マリエ robe de mariéeという。結婚式は人生でもっとも大切な儀式であるだけに花嫁衣装は衣装のなかでも重きがおかれる。誰もが純白の長いドレスを想像するほど白い色が決定的になっているが、古代ローマ時代にはローマ人は淡色のベールをつけた。一方キリスト教徒は白または紫の衣装を着た。その白を用いる習慣が今日に到っているという。伝統的な宗教的衣服であること、清純な美しさを象徴することが大切で、けばけばしさは避けるべきである。デザインは丈が長く、床にトレーンをひき、胸も腕もおおうのが普通であるが、特にカソリックの挙式のときは肌を隠し、袖を長くすることが掟となっている。（中略）材質はサテン、タフタ、レース、オーガンディなどの白の濃淡、銀色などもよい。（中略）昔は、レースは豪華なもので家代々に伝わるものを使用する風習が欧米ではしばしばあった。（中略）アクセサリーとしてはネックレス、イヤリングなどは真珠、ダイヤなどの白い光のあるものを用いる。…」（『服装大百科事典』より）

ウエディング・ドレスはなぜ白いのか

前述の『事典』からの引用のように、ウエディング・ドレスが白いのはキリスト教の影響下のもので、かなり古い時代から着用されたその習慣が今日に到ったということである。事典はある事項の概要をわかりやすく明らかにすることが目的であるから、説明としては十分である。だが、ながい歴史のなかには、白いウエディング・ドレスを着たのは上流・中流階級までの慣習であり、庶民・下流階級にあっては憧れであっても、現実には白いドレスばかりではなかったという事実もある。

イギリス、ヴィクトリア朝期（一八三七—一九〇一）における社会での現実とその背景である社会情勢を解説した著書がある。(注2)

著書によると、要約であるが、イギリスでは「ミドルクラス」、すなわち中流階級が白いウエディング・ドレスを定着させた。ヴィクトリア女王をはじめとするアッパークラスでは白いドレスとベールをステイタスシンボルの一つとして結婚式に着たが、一般庶民にとっては、高価なうえ、白いドレスは結婚式以外にはあまり着る機会も少なく、そのうえ、しみ一つ付けずに着ることは不可能である。質素に暮す人々には、染め直さない限り無用の長物だった。当時の雑誌にはウエディング・ドレスに「茶色のシルクドレス」を着た小説を引き合いに挙げ、値段が安く、結婚後も長く着ることができる実用的なドレスが選ばれている。また著者がイギリスの様々な美術館を訪れて見たドレスはクリーム色やほとんどが色物だったことも述べている。

白いウエディング・ドレスは花嫁が純潔、無垢の処女であることの証しをあらわすためのものであり、純白な高価なシルクの代わりにモスリンやその他のイミテーションが使われ、安価に仕立てるためにシンプルなデザインものが実際にあったということである。

イタリアにおいてもヴェネティアを除いては、婚礼衣装はルネサンス時代だけではなく、十七〜十八世紀にも花嫁が白い衣装を着る習慣はなかったらしい。

（注1） F・ブーシェ著　石山彰日本語版監修『西洋服装史』　文化出版局　一九七三年　三六四ページ

（注2） 坂井妙子『ウエディングドレスはなぜ白いのか』　勁草書房　一九九七年

4. 典拠文献

・石山彰編・解説『ファッション・プレート全集Ⅲ　十九世紀中期』　一九八三年　プレートNo.5

・『服装大百科事典』増補版　服装文化協会編　文化出版局　一九六九年
・坂井妙子『ウエディングドレスはなぜ白いのか』勁草書房　一九九七年

5. 解題(プレートの原典)

La Mode, Revue de monde élégant. Paris, 1836年3月

『ラ・モード』は、一八二九年から一八四六年まで刊行されたフランスのファッションブックである。雑誌が長期にわたるとき、タイトルやサブタイトル、刊行の形式が変ることが往々にある。また西洋では書物を独自に製本することが多いので装丁、背文字のタイトルが所有者の好みで正確なタイトルと異なることもあり、その書誌的事項を正確に把握するのが難しい。

本誌もその両者をもちあわせた図書館員泣かせの雑誌である。筆者の勤めていた図書館に所蔵していたその雑誌の表紙には〝Journal et Gravures des Modes〟と金で箔押しされていた。そのようなタイトルのモード誌はビブリオグラフィには見当たらない。幸いにも服飾分野には詳細なビブリオグラフィが数点あるので、丹念な雑誌の調査と書誌との摺り合わせにより『ラ・モード』誌であることが判明した。本誌はサブタイトルが数度にわたり変っているが、おおよそ「モード、高雅な社会の雑誌または政治と文芸・社交界の雑誌」と訳せよう。内容は衣装の傾向、文芸や上流社会の話題などが中心になっている。著名な画家ランテによる精緻なモード画が挿入され、本誌の名を高めている。

七．カルパトス島の結婚衣装

1．国・地方・民族　―　ギリシア　カルパトス島　オリンポス地方

2．時期・時代　―　？

3．図版解説

カルパトス島をご存知でしょうか。

オリンポスの名はギリシア神話で耳にするが、地図で見るとわかりにくい。地中海、クレタ島の東部のすぐ近くにある小さな島である。

この島ではキリストにちなんだ宗教上の祭りがとりわけ多い。春の復活祭から九月ごろまで飛び飛びに祝祭行事が行われる。結婚式も祝祭行事のなかで行われることが多い。

結婚式の衣装には家系伝来のありったけの金貨銀貨を身に付ける。ヴェールの上には鎖状の宝石。深い衿ぐりには網状の鎖とコインが胸元全面につけられる。ベルトやバックルにも宝石類が飾られる。これは富を顕示するためであろうか。

コインを飾りつけ盛装をした女性（図24）も、結婚すると、この地方伝来の地味な服を身につける。この衣服を「カバイ」といい、青い手織りの長袖の上っ張りで、オリンポス島の代表的な衣装である。

図24　カルパトス島の結婚衣装　20世紀
（撮影　Constantine Manos）

図25　ヨーロッパジプシーの結婚衣装
20世紀

結婚式や特別の行事に全財産を身につけるのは、このカルパトス島に限らない。

「アフリカ大陸北東部に位置するジブチ（ジブチ共和国）においても同様に金貨や宝石を身に付ける。ジブチでは顔面がかくれるように鎖状に飾られている。頭部のうしろにはカラフルな矢が一層華やかさを添えている。（注1）」

結婚衣装を調べてみると、「南フランスに住むヨーロッパジプシーの花嫁の結婚衣装にも持参金の金貨の首飾りと金の十字架を身につけている。（注2）」（図25）

女性が持参金をもって結婚するという結婚の形式とそれに伴う家族関係は、紀元前の古代バビロニア王国の社会においてすでに形成されていたことが法典や文書においても見受けられる。例えば、妻の不貞は厳罰に処せられ、妻が子を産まない場合には夫は妾をもつこともできた。しかし、結婚した婦人も無権利ではなかった。彼女たちは自分の個人財産をもち、自分の持参金に対する権利を保有していた。夫の側に落ち度があった場合、妻は離婚する権利をもち、妻の側に落ち度がないのに妻を棄てた者は、賠償として財物を出さねばならなかった。妻の財産権の保有と妻にも一定の権利が認められていたということは、当時の社会からみると嫁ぐ女性にとって注目すべきことである。娘に持参金を持たせて嫁がせる古代の慣習の痕跡が世界各地に残されているのであろう。

（注1）『世界の民族衣装の事典』　東京堂出版　二〇〇六年　三五ページ
（注2）『世界の民族と生活6　南ヨーロッパ』　ぎょうせい　一九八二年　一四八ページ

4．典拠文献

・『世界の民族3　ヨーロッパ』平凡社　一九七九年

八. 白糸刺繍の洗礼服

1. 国・地方・民族 ― イギリス

2. 時期・時代 ― 十九世紀中期

3. 図版解説

衣装と色彩

服飾を研究するうえで、色彩はきわめて重要で、しかも興味ある要素を多く含んでいる。色彩の重要性は、色の生み出す色調それ自体の美しさばかりではなく、〈色〉のイメージ、意味あいなど色の象徴的価値にもある。すなわち色彩は、外面的であると同時に、ときには内面的性格をも持ち合わせている。着装している人物のステイタスや描かれたときの精神状態を映し出す。色調のハーモニーが生み出す衣装それ自体の美しさ――例えば、金糸銀糸の小枝の刺繍をほどこした胸衣、燃えるような紅い色、天使のような白い服――と彩色された服装を示す史料、油彩画・フレスコ画などの歴史上の形象資料は豊富に残されている。

一方、色彩のもつ象徴的な意味は、近年までは多くの人びとのあいだで共通の認識を得ていたが、ごく最近に至って、しだいに失われる傾向もみられる。ここにあげた花嫁衣装の白や喪服の黒がそう

図26　白糸刺繍の洗礼服　19世紀中期

である。黒の服をきたからといって〈喪〉に服しているとは限らない。

だが一般的に色彩は、それを選んだ人の性格を反映しあらわす。何気なく毎日着ている私たちの衣服も、他人から見れば、その人の総体的な人格の大きな部分を示しているだろう。

衣服の色は布地という媒体に色を定着させ、あるいは糸の段階で彩色されたものが織物となり、裁断されてはじめて衣服となる。

もう一つ、織物は、色とは別に布地のもつ〈風合い〉が加わる。こうして様々な要素や条件が一体となり、はじめて衣装と色彩の関係が論じられる。

白い色は神聖な色

洗礼服は、キリスト教で信者となるための儀式に着装する衣服である。儀式には白い服を着用するが、白い色は汚れ、けがれのない純潔さをあらわし、神の前で誓い、父と子の聖霊の名によってとりおこなわれる。

日本においても白は清浄無垢、潔白をあらわし、浄化や禊《みそぎ》の色として神事に関する神聖な色であり、特別の存在であった。

洗礼を司る牧師も神聖な色としての白い衣装をまとっている。

白い衣装の歴史をさかのぼると、十三世紀イタリアでは、奢侈禁止令により、贅沢な絹や金銀糸の使用を禁じた。それに対応して白い衣装をひきたてるために、白麻地に白麻の糸で刺繍する白糸刺繍が流行したといわれている。この白糸刺繍は教会の法衣の袈裟として用いられ発展したが、十四・十五世紀には世俗の人々のシャツやハンカチーフなどの装飾としても普及した。

衣装のうえで注目されるのは、十九世紀末、イギリスからフランスに入ってきた古代調の簡素な衣装、自然の体形をあらわすシュミーズ型ローブが流行した。コルセットも腰枠もつけず、身体は透けて見えるほど薄地の綿布白いモスリンのドレスを愛好したことから、ドレスの装飾として白糸刺繍が用いられた。イギリスのエディンバラで始まり、フランスやスイスへと広まった。

白糸刺繍（ホワイト・ワーク）

白糸刺繍とは、一つにはカットワークで、地布を切り抜いて、その穴の周囲を白糸でステッチでかがる技法である。もう一つはドロンワークといって地布の縦糸か横糸の糸を抜いて、抜いた糸でステッチをしてかがり、透かし模様をつくる技法である。

十九世紀になると、手芸用の糸が種類も量も豊富になり、女性の趣味として家庭で行われ、刺繍ミシンの登場によって盛んになっていった。

花嫁衣装や産衣も同様に白い衣服が着られるが、洗礼服は花嫁衣装よりひかえめであるが、入念に仕立てられており、白づくめであるのが特徴である（図26）。

博士号の授与式にも白い服が着られた記録がある。

一七八七年、ドロテア・シュレーザー嬢が哲学博士号を受けるため、晴れの式典に出席すると

き、母の希望で花嫁のように白のモスリン服と白のヴェールをもらい、ばらと真珠を髪にさしたことが伝えられている。（注1）

（注1）　青木英夫、飯塚信雄『西洋服装文化史　フランス・モードの誕生と発展』松澤書店　一九五八年　二二八ページ

4．典拠文献

・P・L・ピセツキー著　池田孝江監修『モードのイタリア史』平凡社　一九八七年

・辻　ますみ『ヨーロッパのテキスタイル史』岩崎美術社　一九九六年

・Boucher, F. and tr. by Ross,J.; *A history of costume in the west,* London, Thames and Hudson, 1967.

・城一夫『色彩の宇宙誌―色彩の文化史』明現社　一九九三年

九．十九世紀中期の喪服

1．国・地方・民族 ― フランス

2．時期・時代 ― 一八三六年（ルイ・フィリップ時代）

3．図版解説

喪服の歴史

喪服は礼服の一種で、凶事や凶事に関する行事に着用する服装を云い、哀悼や謹慎を表わす。衣装には装飾が少なく、色も白や黒など暗色のものが多いが、時代や各民族、宗教、性別、階級、職種により異なり、服装のなかでも複雑である。

喪服の起源をさかのぼると、神に仕える祭服の一種であったものが、のちに葬儀や忌日祭の儀礼として着用するように変わっていった。喪服には、喪服に付随した被《かぶ》り物や葬祭具のような持ち物・装飾品がある。

厳密な儀礼上の慣習がいつ頃からかは明確ではなく、十六・十七世紀頃までは黒、白、青緑、紫が喪の色とみなされていたが、どの色の喪服を着用するかは、個人の意図にまかされていた。ブーシェは喪服について次のように述べている。

図27　王政復古調の喪服　ガヴァルニ画　1836年

中世には王妃は国王の喪に際しては白装束をしていた。ブルターニュのアンヌはシャルル八世の喪には黒の喪服を着たが、これが黒を用いた最初といわれている。
またアンヌが死去した時、国王に対する伝統的な喪は紫だったにもかかわらず、ルイ十二世は黒の喪服をまとった。（中略）十七世紀になると、慣習がはっきり規定されてくる。宮廷の葬儀の際は、親王たちはドミノ（頭巾つき黒衣）の下に黒い上着をきて、その上から引き裾の喪服用大型マントを重ね、帽子からは長い縮みの喪章を垂らした。弔問は引き裾の大きな黒衣マント姿で行われ、王女たちは長くゆったりしたマントを着て、縮みの長い一枚布を、被り物、腕、ベルトにつけて、うしろに幅広く裾を引いた。葬儀場の外では白無地の大きな袖口の黒の喪服が着られているが、この喪服用袖口は「プルールーズ」とよばれ、略式の喪服ではその寸法が小さくなっている。白か色物の靴下、レース、リボンを結んだかつら、髪粉をかけたかつらは、喪にも弔問にも、宮廷での使用は禁じられていた。（注1）

フランス革命で身分による衣装強制法が廃止され、それまで貴族のあいだでは蔑視されていた黒が儀礼的な色として扱われるようになる。服装の好みも貴族階級の特権の象徴であった宝飾品や刺繍は排除され、市民的な趣味のモードが反映されてくる。

イタリアにおける喪服については、『モードのイタリア史』に、以下のような記述も見られる。

喪服においても色彩の象徴的価値は重要である。十四～十五世紀のイタリアでは、喪服には黒だけでなく、緑や暗青色も用いられた。一四三八年に、ヴェネティアで名高いペストが終焉したとき、喪服の人びとが街中にあふれて恐怖の念が広がるのを防ぐため、上記の三つの色の使用は禁じられたという。(中略) 喪服の使用は、社会的虚勢から非常に遠い親戚や召使いまでにも広げられたため、奢侈禁止令はこうした不経済な慣習にも手をつけなければならなかった。十八世紀には、こうした厳しい規制は北イタリアでは緩和されるが、南イタリアでは存続し、君主の死に際して貴族が着用する喪服さえ、政府によって非常に厳しく制限されていた。(中略) 死刑を宣告された貴族がまとう喪服は全身黒ずくめの悲劇的なものであった。受刑者はやはり黒衣をまとった親類や召使いに伴われて処刑台に上がった。十七世紀と十八世紀の年代記にはこうした例の印象深い記述が見出される。(注2)

王政復古調の喪服

図27はフランス七月革命(一八三〇年七月)で王座を追われたシャルル十世に対しての喪服。七月革命以後、ルイ十八世のパリ帰還は、大革命以前のブルボン王朝時代の貴族的要素が再び衣装のうえにも取り入れられた。ウエストは細っそりと裾広がりの釣鐘状のシルエットが特徴的に現われている。首まわりを飾る襞衿、帽子には鳥の羽根飾りがついている。黒のクレープ地の外套からはタフタで裏打ちされた格子柄がアクセントになっている。左の男性は、クラウンの高い絹製の帽子をかぶり、モアレ模様のアストラカンの裏打ちしたウール地の外套を着ている。黒の光沢の微妙さに目が向けられている。

（注1）Boucher, F. and tr. by Ross, J.: *A history of costume in the west*, London, Thames and Hudson, 1967.
フランソワ・ブーシェ著　石山彰日本語版監修『西洋服装史―先史から現代まで』文化出版局　一九七三年　二八六ページ

（注2）R・L・ピセツキー著　池田孝江監修『モードのイタリア史』平凡社　一九八七年　一二一～一二二ページ

4. 典拠文献

・『ファッション・プレート全集Ⅲ　十九世紀中期』石山彰編・解説　一九八三年　プレート No. 7
・フランソワ・ブーシェ著　石山彰日本語版監修『西洋服装史―先史から現代まで』文化出版局　一九七三年
・R・L・ピセツキー著　池田孝江監修『モードのイタリア史』平凡社　一九八七年

第四章　作業服・農民服・職業服

＊本章では、国・民族や時代の特徴ある作業服・職業服に視点をおき、文献から渉猟した。

＊日常の衣服には、寒さ暑さから身を護るという衣服本来の機能に加えて、必然的に村や町での仕事に適している実用的機能も備えている。

＊漁労服、農民服などの作業服は「働きやすい」衣服の実用的機能が重視されている。だが、西洋の人々の実用的な衣服には、作業服にはあまり必要とは思われない刺繍やレースで衣服を飾り、その地方、民族の美的感覚を衣服に表現しているものが多い。

＊職業服としては、「飛脚」を取り上げ、国ごとによる制度の歴史、発展過程、それに伴う衣服の変化を観察する。

一．ラップ人の漁労服

1．国・地方・民族　―　北欧　ラップ人

2．時代・時期　―　？

3．図版解説

ラップランドは、地球の最北端であるスカンジナビア半島北部からロシアのコラ半島にかけて、ノルウェー、スエーデン、フィンランドにまたがる地域である。

夏でも流氷がただよう海岸で漁労を生業とする海岸ラップ人が定住しているが、人口は非常に少ない。住民は漁労、牧畜、狩猟で生計を立てている。国境付近や湖沼地帯に住んでいる人々は、夏の間は漁師をしているが、冬は魚が取れないので、山や森で牧畜、狩猟をして生活を営んでいる。彼らは山羊やトナカイを飼っており、食糧や衣服用に使用していた。

とくにトナカイはラップ人にとり貴重な動物で、トナカイの毛皮で衣服や靴、テントなどをつくり、脂肪分の多い乳と肉を食糧としていた。

北極や寒帯地域に生息する動物は、食糧・衣服ばかりではなく、雪上移動の足になるスキーや橇《そり》の重要な役割を果たしている。

図28　ラップ人（A Laplander）18世紀

ラップ人はおおむね身長が低くがっちりした体格をしており、平面的な顔で、髪の色は黒っぽい茶褐色、肌の色は黄褐色をしている。

彼らは布で上着を作らない。それはラップの男性の服は防寒に耐え、水分を通さぬ機能が必要だからだ。それ故、家で飼育している動物の皮を用い、それに穴をあけ足の指で突きたてながら針で縫い、服を仕立てている。

上着の前は風が通らないように閉じてあるが、外套は開くようになっている。図28の服は、青色の穏やかなベル型の短いワンピースにベージュのトリミングがしてある。腰には黄色の錫《すず》や銅の飾りのあるベルトを締めている。このベルトにはナイフや喫煙用のパイプケース、鍵などの七つ道具を吊り下げている。帽子は高く、先が尖っており、はぎあわされた縫い目は帽子の色と違う色の糸が使われている。靴は雪がくい込まないように先端が上向きに反っている。

漁師の男性は、いま魚を取ってきたのであろうか。片手に魚と、もう片方の手には鳥の羽毛、鯨の骨とアザラシの皮で作られた丈夫な網をもっている。この網は高級品として地主などにも献上されたという。

4. 典拠文献（前掲書）

- *Picturesque representations of the dress and manners of the Russians, illustrated in sixty-four coloured engravings with descriptions,* London, Printed for Thomas M, Lean, haymarket, 1814.『ロシアの服装・風俗画集　六四枚の解説付き彩色版画で図解した』

・『世界の民族と生活5 北ヨーロッパ』 ぎょうせい 一九七九年

二. イタリア　テオドーネの農婦の冬服

1. 国・地方・民族 ― イタリア　ヴェネツィア　トリデンティナ州

2. 時代・時期 ― 十九世紀後半

3. 図版解説

ヴェネツィアのトリデンティナ州はイタリア北東部、ヴェネト地方の北西部を占める地方。北は東部アルプス山脈、南はオーストリアと国境を接している。森林地帯が地方の半分以上を占め、わずかな土地を利用して酪農や農業により生計を営んでいる。りんご、梨、ぶどうなどの果実の栽培が盛んで、風光明媚な山岳地方である。

地域的にみると、北部地方であるミラノ、ヴェネツィア、パドヴァの服型は、概して隣接する国であるフランス、スイス、オーストリアなどの影響が見られる。

図29は、トリデンティナ州の「テオドーネの農婦の冬服」。

ブラウスの衿には細かいギャザーがよせられた機械編みのレースの襞飾りがある。袖口にも同じような飾りが見られる。

機械編みレースは十九世紀初頭に発明された。それまでは、熟練した技術をもつレース工が長時間

図29　テオドーネの農婦の冬服
（Contadina di Teodone in costume invernale）
カルデリーニ画　19世紀

かけて作り出す貴重な装飾品で高価であったが、機械編みレースができるようになった中期ごろからは、比較的安価な機械編みのものが庶民階級に広まった。

黒いブロケードの上着からは、なかに着ている緑色のリボンで飾られたペトリナ（装飾的な胸飾り）が少し見えている。リンネルのエプロンには縁レースの飾りがあり、腰には金糸銀糸入りフレンジのついた黒の飾り紐を下げ脇で結んでいる。帽子はつばの広い黒いフェルト製のものをかぶる。冷たい風や急な雨をしのぐためか。ストッキングは仕事用に丈夫にできている。靴は栗色の革靴で赤と青の飾りがある。

4. 典拠文献

• Calderini, Emma: *Il costume popolare in Italia*, Milano, Sperling & Kupfer, 1934.
カルデリーニ『イタリアの民俗服』

5. 解題

標題紙、中扉、献辞につづき、①序文 ②民俗衣装の図版二百枚の解説 ③モノクロ版による衣服の細部と靴・帽子・アクセサリーなどの図表一四枚 ④地名のアルファベット順による民俗衣装索引 ⑤アート紙に刷られた民俗衣装カラー図版二百枚から構成され、「イタリア国家民衆芸術委員会」の後援のもとで刊行されている。

筆者が見た本書の標題紙裏には「この版は一〇五〇部印刷。販売用一〇〇〇部のほかに五〇部印刷。

本書は一から一〇〇〇番のうちの一二四」と一二四はナンバリングが押されている。献辞は「高貴な皇室ピエモントの王妃、並びに偉大なイタリア人民に捧げる、イタリアの敬虔なる芸術家エマ・カルデリーニが献上する。一九三四年十二月十三日」と書かれてある。ピエモンテ州は建国から一九四六年まで歴代イタリア王を輩出したところである。

本書は十年がかりで調査された。モノクロ版による一四枚の図表は、②の各民俗衣装の解説にある注をイラストで示し、対向ページにその名称と着用された場所（地名）とがリストになっている。

図版二百枚は四色刷り写真製版によりアート紙に印刷され、図版の上部に州名、下部に伊、仏、英、独語のキャプションが記載されわかりやすい。

初版一九三四年版と二版（推定）の一九四六年版は一冊本であるが、三版の一九五三年版は二冊に分冊され、北イタリアと南イタリアに分けて編集されている。

イタリアの歴史と衣服

さて、イタリアの民族服が定着するのは、十九世紀半ばといわれている。これは、一八六一年のリソルジメント（イタリア統一運動）によりイタリアが王国として独立してから一八七〇年のローマ加盟による国家統一の完成がみられた時期と重なる。

イタリアの歴史は、古くはギリシア、ローマ時代にさかのぼり、その歴史の長い道のりで、様々な種族・民族が侵入して幾多の戦争と集合離散が繰り返された。人種は混血化し、領土も分割・併合などが行われ複雑な変遷をたどる。衣服も同様に、地元に古くからある衣服と異民族のそれとが混合して、その土地に順応しながら定着化したのだと思われる。

イタリアの地形は細長く長靴の形をしている。北イタリアと中央部、南イタリアでは気候や風土、生活様式も異なる。また、早くから各都市が独立国家であったために各地方ごとの個性が強く、衣服も地方色豊かなものが着用されていた。

多くの地方では、日常着と祝祭日に着る衣装とのあいだには大きな異差が見られる。また同一地方であるのに全く異なる服型であったり、農民の服とは思えないほど優雅なものもある。イタリア衣装のこうした特質は、十五、十六世紀の奢侈禁令でいくつかの制限を命じたものの、ある程度の装身具や絹とビロードの縁飾りは許されていた。こうした影響が伝統的に受け継がれていた。

イタリアの民族衣装は、ブラウス、スカート、エプロン、ネッカチーフというヨーロッパ民族衣装の基本形の組合せと同様であるが、一般的に、色は派手で明るい色調を好み、その傾向は南に行くほど強まる。スカートはほとんど二重スカートである。かぶり物は南部ではハンカチーフやスカーフが多く、北部では装飾的なかぶり物が発達している。装身具は迷信にある邪悪から身を守る護符とされ、珊瑚などの素材は珍重された。信心深いイタリア人にふさわしく、いつも身につけていたロザリオは、大きなものが多く、透かし細工でできたメダルのロザリオのペンダントなどもある。なかでもシチリア島のロザリオは美しい。

著者カルデリーニについて

カルデリーニ（Calderini,E.,1899-1975）はイタリアの舞台衣装家・服飾デザイナー。ラヴェンナに生れ、パルマで没する。ラヴェンナの美術大学で装飾論を学ぶ。二三歳のとき、ミラノに移り、服飾デザイナーの仕事をはじめる。女性雑誌『リーデル』『ラ・モーダ』などに服飾史に現れる女性のモードを描く。彼女の描画は本書のプレートにも見られるようにユニークで興味深い。晩年は、国立大学の要請を受けてイタリアオペラや演劇の舞台衣装係りを勤める。

一九五一年、ミラノで開催された第六回トリエンナーレ（工芸美術展）の会場の遠近図を画き、賞賛を得る。服飾史研究・ジャーナリストとしても活躍した。

三. サルデーニァ島のパン屋の主婦

1. 国・地方・民族 ― イタリア サルデーニァ島

2. 時代・時期 ― 十九世紀

3. 図版解説

図30「パナターラ」はパン屋さんの主婦、自家製のパンを売る婦人。

ファッツォレット（ヴェール）を深めにかぶり隠れているが、おそらくブラウスは白い亜麻や綿で作られ、ゆったりとしている。衿ぐりや袖口には小さなレースの縁飾りがある。黒い絹の胴着の上にベストを重ね、ビロードのリボンを胸元で結んでいる。胸元には金製の乳房型のブローチをつけているが、それはお守りの意味をもち、元来母系を中心にした子孫繁栄を願うサルデーニァ人の宗教心につながっているという。スカート丈は長く、たっぷりとして、ウールや更紗のような柄のある綿などの材質を用い、裾に縁取りをほどこし優雅である。

髪は一つにまとめ黒い小さな帽子に包み込む。帽子の上には、空色の模様がある周囲をぐるりと銀色の幅広のレースがついた深紅色のファッツォレットをかぶっている。ファッツォレットは、肩から腕にかかるほどの幅広いもので、レースのような薄いきめのこまかい絹でできている。ときには、胸

図30　カリアリ地方パン屋の婦人の服装
（Costume　di Panattara di Cagliari）
カルデリーニ画　19世紀

の前で交差させ、美しいピンで留める。靴下は薄い絹製。靴はパンプスのように足の甲が開いており、つま先が痛くならないように先端は尖ってなく四角に平らになっている。空色の飾りリボンと銀色のバックルがついている。立ち仕事で疲れないようにゆったりした靴でありながら装飾には配慮されている。

サルデーニア島

サルデーニァ島はイタリア半島から西へ約一九〇キロメートルに位置し、地中海では二番目に大きな島である。カリアリは地中海に接するその首都。

サルデーニァがはじめて歴史に登場するのはカルタゴ帝国の一部としてであった。そのあと、フェニキア、カルタゴ、ローマ、ビザンチンなどの諸民族の侵入が繰りかえされ、各地に諸民族の伝統が垣間見られるが、この国を支配した異民族による文化的な痕跡はシチリアと違って、それほど多くはない。

そのためか、サルデーニァは古い時代からの民族文化、民俗衣装が残されている。いまだに民俗衣装を日常着ることがある。

4. 典拠文献

- Calderini, Emma; *Il costume popolare in Italia*, Milano, Sperling & Kupfer, 1934.
カルデリーニ『イタリアの民俗服』(前掲書)

5. 解題

前項「テオドーネの農婦の冬服」において、カルデリーニ『イタリアの民俗服』を解題したが、「サルデーニァ島のパン屋の婦人」の図像について補足する。

この民俗服を着た婦人像は、一八九三年にGaston Vuiller著『忘却の島—バレアレス群島、コルシカ島、サルデーニァ島の印象的な旅行』というタイトルでパリ刊の文献に載っている。同書は二〇〇二年に新版『孤立し忘れられたサルデーニァ島の印象的な旅行』*Le isole dimenticate la Sardegna impressioni di viaggio.* にプレート三七「Una panattara」で再録されている。

パン屋の婦人が頭からかぶっているファッツォレットは十三世紀頃からの優雅なかぶりもので、南イタリア、サルデーニァ島を代表するものである。本書に採録されたのも伝統的なかぶりものであるからであろう。本書ではカルデリーニの特色ある画風で描かれているが、元版では穏やかなやさしい顔の婦人である。

四．ミルクを市場に運ぶ村娘

1．国・地方・民族　―　上オーストリア

2．時代・時期　―　十八世紀末～十九世紀頃

3．図版解説

オーストリアはドナウ川に注ぎ込んでいるエンス川をはさんで上・下オーストリアに分かれる。上オーストリアはオーストリア帝国のどの地方よりも土地が肥沃し、牧草地が多く、また天候に恵まれた美しい地方である。とうもろこし、果物、ワインも豊富で、農産物がよくとれ、特にサフランはインド産のものより高級品である。

図31の村娘はボタンが六つも付いたグレーの地味なワンピースを着ている。下につけている花柄の胸衣がグレーの服を引き立てている。頭には大きな籠を載せ、白い布がかぶされているが、なかにはミルクが入っているのであろうか。籠の持ち手に引っ掛けた麦わら帽子が愛らしい。薄い色のエプロンと同色の靴下をはいている。

「最近の村娘と昔の村娘の衣服と比較すると、形、素材、色ともあまり変らないが、近頃の娘の服は、あまり上品とはいえない。ブラウスは大きめで、袖ぐりも太く、不恰好である。髪型や帽子も質素で、

図31　上オーストリアの村娘　ミルクを市場に運ぶ
（A village girl of upper Austria carrying milk to market）　19世紀

短めのスカートも気になる。いつの世も長いスカートが優雅で流行型であるのに、村娘たちは短いスカートをはいている。だがよく見ると、娘は魅力的な足首と脚をもっている。彼女たちは媚びを売るのではなく、働きやすい衣服を着ているのだ。上オーストリアの住民はよく働き、勤勉で知識もあり、感じがよい。」と衣服と生活のありさまが生き生きと解説してある。背景に描かれた草原や渓谷の風景も人物を引き立てている。

4．典拠文献

• Alexander, W.: *Picturesque representations of the dress and manners of the Austrians*, London, Printed for John Murray, 1813.『オーストリアの服装と風俗の図集』

5．解題

大きさは23×17㎝の瀟洒な本。序文一五ページ。アクアチント銅版画五〇枚からなるオーストリアを中心とする民俗衣装図集。農民服、田舎の庶民服が多い。各図版の対向ページには、その地方の気候・風土、衣装について解説してある。

出版年の記述は標題紙にはないが、図版の下方に「一八一三年印刷」と記してあるので、これを典拠とした。

さて、タイトルは「オーストリアの服装と風俗の図集」であるが、本書が書かれたのは十九世紀初頭であろうから、歴史的にみると現在のオーストリアの地域とは異なる。オーストリアはハプスブルク家領の一部で、ハプスブルク帝国はオーストリアのほかにボヘミア王国、ハンガリー王国も配下に治めていた。本書には今日のオーストリアに加えて、中欧・東欧地域の民族服を収載してある。

序文では「オーストリア家の歴史とその代々の家領」と題し、オーストリア家の起源であるハプスブルク家の発祥から女帝マリア・テレジアが太公位に即位し、婚姻政策により領土を拡大していく一七九〇年ぐらいまでを言及している。

オーストリアの歴史

オーストリアの歴史は、十世紀末、神聖ローマ皇帝オットー十二世の時代に、バイエルン地方に東方民族を防御するオストマルク（東方辺境領）を設置したことに始まる。その後、神聖ローマ帝国のもとで発展してドイツ人居住圏の最東部の国を意味するエスタライヒ（英語でオーストリア）の名で呼ばれるようになる。十三世紀末にはハプスブルク家の本拠地となり、オーストリア大公領として勢力を伸ばす。一八〇四年、ハプスブルク家はオーストリア帝国を名乗る。

本書の時代背景となっている一八世紀後半、オーストリアはまだ国家として独立した存在ではなく、「オーストリア家」として神聖ローマ帝国（ドイツ帝国）の領邦であった。序文にはオーストリアに関わりの深いボヘミア王国、ハンガリー王国の歴史にも触れている。

書誌的変遷

服飾の文献目録を調べると、本書には原本があり、また係累の多い本であることがわかった。本書の直接の原本は、モレビーレ著『オーストリア家代々の家領に見られる衣装―五〇枚の彩色銅版画で画かれた』(注1)である。タイトルと各図版解説及び図版のキャプションは英語と仏語の二ヶ国語で書かれており、図版には画家のサインが入っている。判型はフォリオ判（34×25㎝）で本書より大きい。

原本の序文にある出版社の広告に「最近出版された『皇帝、国家の衣装』という著作から他国の衣装を除き、ドイツ帝国内の特色ある衣装を選び、しかも図版には歴史的、地理的な解説を加えて、一層興味ある実用性に富んだ作品にした」という主旨が述べられている。つまり原本の原本が存在したのである。

そこで、『皇帝、国家の服装』という最初のオリジナル版について調べた。それは画家キニンゲルが画いたドイツ帝国が支配していた国々の衣装を図集にまとめたもので、一八〇三年頃、ウィーンで刊行されている。五〇枚のアクワチント版画から成り、解説はなく、独・仏語二ヶ国語のタイトルと図版のキャプションが付いている。また、一八二一年には増補版ともいえる一〇〇枚の図版で構成した『皇帝閣下の国家を構成している様々な民族の衣装』（仏語タイトル）が刊行されている。(注2)こちらも解説文はなく、独・仏語の図版キャプションのみがある。文化女子大学には、一八二一年版を所蔵しているので、本書とその原本、併せて三冊を見比べてみた。

本書の内容はモレビーレ版と同一で、サイズのみを縮小した複製版である。だが、よく見ると、風景や建物などは原本より簡略化されている。いずれも手彩色が施されているが、筆者にはキニンゲル版がもっとも美麗に見えた。

このように、一つの優れたオリジナル版をもとに幾つもの類似本が生まれ、時代を超えて受け継がれている。本書もヨーロッパ民族服の古典の一つであろう。

（注1）M. Bertrand de Moleville; *The costume of the hereditary stats of the house of Austria, displayed in fifty coloured engravings*, London, William Miller, 1804.

（注2）Kininger, V. George; *costume des différentes nations composant les états héréditaires*, de S. M. et R. dessinés par Kininger et gravés par les meilleurs artists, [Vienna], T.Mollo, ca1821.

五．チロルの猟師

1．国・地方・民族　―　上オーストリア

2．時代・時期　―　十八世紀後半～十九世紀頃

3．図版解説

チロルは登山、スキーの場所としてヨーロッパでも人気が高い。州都インスブルックはアルプスの白銀の峰々に囲まれたオーストリアでも最も美しいところの一つである。歴史的にも見るところが多く、十六世紀の皇帝マクシミリアン一世の時代から栄えた。女帝マリア・テレジアもこの地を訪れ、第二子レオポルドの結婚記念の凱旋門を造っており、ハプスブルク王家とは縁の深い地である。

チロル地方は四方を山脈にかこまれた複雑な谷間の地域で、区切られた地区ごとに古い習慣が生き続けている。

典型的なチロル地方の男子の服装は、素朴な山岳民俗のものであるが、谷間の地区ごとに特徴がみられる。

チロルの男性は狩猟を好む。

図32の猟師は、兵士が持つマスケット銃のように首のうしろから吊り、鉄製のストックを持ってい

図32　チロルの猟師（A tyrolian Hunter）　19世紀

る。時には奥深い渓谷を何日もかけて征服することがあるので、毛皮をかぶせた雑嚢には食糧、拡声器、鉄のフック、仮眠用の枕など猟師の七つ道具が入っている。フェルト製のつばの広い大きな日除け帽をかぶっている。帽子にはリボン状のテープがぐるりと巻かれてうしろで結び、羽毛飾りがついている。

ズボンは活動的で丈夫な黒のウール、またはアルプスカモシカの皮革でできた膝丈の半ズボンをはく。

ジャケットは衿なしの丸首型で前合わせには五・六個のフロント・ボタンがあり、服の端やポケット口にはテープで縁取りしてある。このジャケットは、今日でもチロリアン・ジャケットとよばれている。テープもチロリアン・テープといい、刺繍入りの二・三センチ幅のリボンで、婦人服・子供服の飾りに用いられる。また帽子も飾り紐や羽根などをつけた登山用にかぶるチロリアン・ハットとして親しまれ、チロルの民俗服は、私たちの衣生活のなかで生き続けている。

4．典拠文献

Alexander,W.; *Picturesque representations of the dress and manners of the Austrians*, London, Printed for John Murray, 1813.（前掲書）『オーストリアの服装と風俗の図集』

六．イタリアの帽子売り

1．国・地方・民族　―　イタリア

2．時代・時期　―　十六世紀後半～十七世紀

3．図版解説

図33は、十七世紀イタリアの「帽子売り」。

つばの広いフェルト製でできた帽子、カッペッロcappelloという。十六世紀から十七世紀初頭に流行った。実用的な帽子であったが、ダチョウの羽根飾りや房飾りの装飾がついているものもある。

この行商人は、頭に幾つも帽子を重ねてのせ、手にも持ち、天秤ばかりのようなものとズボンなども携えている。世紀の前半では、カッペッロは帽子の山が高く細長かったので、しびん（尿瓶）になぞられ、しだいに廃れていった。

後半になると、帽子の山は平らになり、カッペッロはかぶるものではなく、つばを折り返してつぶし、手に持ち歩くものになる。挨拶するときには、それを大きくまわしながら足元まで下げ、軽く頭を下げた。

カッペッロにかわり、ベレット（ふちなし帽）が一般的にかぶられた。これはルネサンス時代、粋

図33　ローマ　帽子売り（Di Bologna l'arti per via d'Annibal Caraci）
ジュゼッペ・マリア・ミッテッリ画
1660年

図34　パリの帽子売り
（Marchande de Casqettes）
ヴェルネ画　1820年頃

なヴェネツィア人がかぶったものであった。丸型や四角型のふちなしの帽子で、赤や黒のフェルトかビロードで作られ、四隅にタックをとっただけのシンプルなものであった。盛装時には美しい羽根飾りをつけた。

物売りの服装

わが国にも『江戸の物売り』『江戸商売図絵』といった著作があるように、西洋にも、行商人の衣服や下層階級の風俗を描いた「呼び売り」というジャンルがある。

売りものを手に持つか、箱、籠にいっぱい入れて街を巡り歩く。呼び売りは、独特のリズムと言いまわしで売るものを宣伝する。わが国でいえば、幼いころ、聞き覚えのある「サオヤー、サオダケー！」「とおふー、豆腐！」と笛を鳴らしながら自転車で売り歩いていた光景を思い出す。

「呼び売り」をテーマにした版画は十七世紀以来描かれるようになり、ボナール（Bonnard,J.B）やブーシェ（Bouchet,F.）、図34のヴェルネ（Vernet,C.）、同じく『パリの呼び売り Les cris de Paris』の作者、ボス（Bosse,A）などが知られている。

イタリア、フランス、イギリス各地の呼び売りの版画は庶民の服装や生活資料の素材として重要視されている。例えば、野菜や果物売り、ミルク売り、かご屋、ほうき売り、古着屋、猫いらず売りなどの近郊でとれた農産物や手作りの小物雑貨類の売り物、椅子の修理人、靴修理など職工たち、水運び人、煙突掃除人など便利屋的な仕事も請け負っていた。

図34は「パリの帽子売り」。こちらの帽子はカスケット（キャスケット）という前ひざしがついた帽子。

時代は「イタリアの帽子売り」より遅い十九世紀初期のパリ下町の帽子売りを描いている。

呼び売りは、画趣豊かな服装とあいまって、文芸作品や音楽の分野にも格好な題材となっている。

4．典拠文献

• Pisetzky, R.L.: *LI costume e la moda nella società italiana,* Giulio Einaudi editore, Torino, 1978.
R・L・ピセツキー著　池田孝江監修、森田義之・篠塚千恵子［ほか］訳『モードのイタリア史　流行・社会・文化』平凡社　一九八七年
• 『文化女子大学図書館蔵西洋服飾ブック・コレクション』一九八五年

七．ドイツの飛脚

1．国・地方・民族 ― ドイツ ニュルンベルク
（中世〜近世ヨーロッパの飛脚、パリ、ロンドンとの比較）

2．時代・時期 ― 十五世紀〜一八世紀

3．図版解説

現代はメールもあり、手紙を書いて郵便で送らなくても相手方に意思や用件を伝える手段があるが、かつては公文書、人と人とのあいだを結ぶ連絡や恋文は手紙がその役割を果たしていた。手紙は人間の精神的文明の遺産として、多くの文学作品、音楽、オペラなどの主題となり、芸術にも深い関わりをもっている。

公文書、私信を運ぶ職業である飛脚の歴史を調べると、ギリシア・ローマ時代からすでに制度としてあったようであるが、ここでは中世から近世ヨーロッパの制度とその衣服・装備を見る。

十一世紀ごろからヨーロッパ各地に都市が誕生してくると、王侯貴族を中心に商業が栄え、それにより富が蓄えられて様々な人びとが集まり、そこには文化が醸成される。

図35　フランクフルト・アム・マインの飛脚
　　　ヘンヒェン・ハナウの肖像画　1435年

図36　パリの小飛脚　1760年

ドイツでは、十世紀から十一世紀にかけて、早くもシュトラスブルクの町に飛脚制度が大司教の指令のもとに整えられていたが、利用はあまり多くなかったらしい。

十四世紀末には、ケルン、フランクフルトにも都市の発展とともに飛脚の仕事も増え、組織が整備された。飛脚は市の公文書のほかにも市民の信書の送達にも従事した。市の飛脚に対する監督規定には「手紙の秘密を漏らしてはいけない、偽りの封印をおこなってはいけない、手紙を開封してはならない」などという条例があった。当時の飛脚は報酬のほかに衣料用の布と靴の修理代が支給された。

阿部謹也著『中世の窓から』に、ドイツの飛脚について、服装についても詳しく解説され、実に興味深い一節を見出したので紹介する。（図35）

一四三五年のフランクフルトの「飛脚の書」には飛脚へンヒェン・ハナウの肖像が描かれています。彼も左胸にフランクフルト市の紋章をつけ、右手に手紙、左手に槍をもっています。背中には壷をつるしています。衣服、楯、壷、槍はみな市から支給されたものでした。一四七六年の市参事会の規定によりますと、市長と市参事会員だけでなく、市民もみな手紙を託すことができました。（中略）飛脚が市から支給された衣服は本来どこでも灰色でした。灰色の衣服は、諸身分の構成からみますと、農民と最下層の人間の衣服の色でした。ハンブルグにおいては、一四九〇年まで飛脚の衣服の色は灰色で、その後は灰色の生地に赤い折り返しがついた衣服にかえられてゆきます。飛脚の地位が高くなるにつれて色も変わってゆき、それぞれの市の色の衣服が支給されるようになります。（中略）たとえばフライブルクの飛脚は赤と白の衣服を着ていたのです。（中略）飛脚は宣誓をするときに紋章をつけ、壷をうけとります。はじめは小さな木箱であったとみられますが、やがて壷となり、そのなかに丸めた羊皮紙の手紙が入れられたのです。十五世紀になると木箱や壷に代わって金属の容器が用いられるようになり、一四五一年にはフランクフルトで銀の箱が用いられます。この頃から「銀の使者」という言葉が現われてくるのです。……シューベルトの「冬の旅」の一曲、「郵便馬車」にも、主人公が角笛の鳴るのを聞くたびに恋人からの便りを待って胸をときめかせているありさまが巧みに歌われています。近代にいたるまで、角笛が高らかに鳴るのを聞くと、人々は遠くの友からの便りをおもって思わず耳を傾けたのです。」（一六七～一六九ページ）

パリではルイ十一世の時代（一四六〇～八〇年代）に公信用に王立制度がつくられた。

マルレの『タブロー・ド・パリ』[注1]という十九世紀前半のパリの情景を描いた石版画集に郵便配達人（飛脚）の姿がとりあげられている。「公共事業」の項に「小郵便」というタブローがあるが、ここには手紙の配達人の衣服を「赤い衿のついた青い制服に、錫メッキの帽章のついた防水革のシルクハットをかぶり、雨の多いシーズンには短いケープを羽織っていた」と解説し、一八二〇年代のパリの街、郵便ポストに手紙を投函する人、それを眺めている人、旧体制時代の衣装を大切そうに着込んでいる人など混沌としたパリの庶民のうら寂しい生活が版画と解説文に、みごとに映し出されている。

パリ市内においては、郵便物の配達は一七六〇年まで行われていないので、それまでは馬車に乗って、いちいち親類縁者のところをまわって通知するか、あるいは従僕に配達させていた。

図36は、パリの小飛脚。小飛脚とは、フランス国王から勅許を得て、パリに戸別配達をする市中飛脚のこと。マルレの「小郵便」と同じ。左手に手紙、右手にカタカタと音を出すカチンコをもっている。受取人を待っているのであろうか、それとも市中で手紙を集めているのであろうか。

十七世紀のロンドンは、ヨーロッパにおけるもっとも洗練された機知をもち、繁栄をみた大都市であるにもかかわらず、王室駅逓（ロイヤル・ポスト）制度は、一般市民の手紙の戸別配達サービスを提供していなかった。ヨーロッパの中心地とまでいわれながら、市内の飛脚サービスがなかったのは、ロンドンらしからぬことだ。だが、この市民の不便を救った事実の記述がある。

このような不便を解消したのが、税関吏であり、ロンドンの事業家でもあったウィリアム・ドクラである。ドクラは一六八〇年三月、数名の共同出資者を募り、ロンドン市内で手紙の戸別配達サービスを開始した。ドクラの市内飛脚は重さが一ポンド以下で、その価値が十ポンドまでの手紙や小包を引き受けた。飛脚賃料は前払いで、一律一ペニー。そのペニーをとって「ペニー飛脚」と呼んだ。（中略）創業二年目に入ると、ロンドンではまだ住所番地がつけられていなかったが、商店の看板などを目印に家並みを熟知した飛脚たちによって、手紙が迅速に配達されるようになった。このサービスの良さが受けてペニー飛脚はロンドンっ子に大いに利用されるようになる。(注2)

（注1） Marlet, Jean Henri; *Tableaux de Paris*, Paris, pochard,[1821-1824] 1v. plate 72（litho. Hand-col.）

ジャン=アンリ・マルレ[画] ギョーム・ド・ベルティエ・ド・ソヴィニー：文 鹿島茂訳・解題『タブロー・ド・パリ』 藤原書店 一九九三年

（注2） 星名定雄『情報と通信の文化史』法政大学出版局 二〇〇六年 二二一〜二二三ページ

4．典拠文献

・阿部謹也『中世の窓から』 朝日新聞社 一九八一年

・星名定雄『情報と通信の文化史』 法政大学出版局 二〇〇六年

・Marlet, Jean Henri; *Tableaux de Paris*, Paris, pochard, [1821-1824] 1v. plate 72（litho. Hand-col.）
ジャン=アンリ・マルレ[画] ギョーム・ド・ベルティエ・ド・ソヴィニー：文 鹿島茂訳・解題『タブロー・ド・パリ』 藤原書店 一九九三年

第五章　地域の伝統衣装

＊これまで各章で紹介してきた衣服は、人間にとって必要な機能や目的を備えていたものをみてきた。衣服には特定な機能・目的をもたず、一般的にその地域や民族を代表する古来からの伝統的衣装がある。それが民族服である。民族服の特質は、流行の変化に従属せず、基本的には変化しないところにある。

＊民族とは、人種的、地誌的起源が同一で、とくに言語が共通する社会集団をいう。いずれの民族にせよ、特定の地域で生活するうちに、自然環境や社会環境に適応した服飾様式が形成される。そうして形成された衣服には信仰・宗教、文化的価値観など多層的な思想やその他諸要素を内包している。

＊民族服には幾つかの類語がある。「民俗服」は限定した地域に伝承された民間の服装のことで、「郷土服」「地方服」ともいわれる。民族服と民俗服とは相関関係にあるもので、両者には厳密な違いはないが、ある民族が主体としてつくられてきたもので、その民族の歴史的衣装である。

＊ここでは一般的な民族衣装として、第三章の「祝祭服・儀礼服」、第四章の「作業服・農民服・職業服」で採集しなかったものを集めた。また、三・四・五章における「時期・時代」は推定の項目もある。

一．シルクロード地帯の服装

1．国・地方・民族　―　アフガニスタン、南東コーカサス地方

2．時期・時代　―　？

3．図版解説

シルクロードの国々

アジアと中近東を東西に結ぶ通商路、シルクロードは東西文化のかけ橋となり、人類に多くの文明・文化の発展をもたらせた。シルクロードには幾筋かのルートがあるが、もっともよく利用されたのは、中国の都、長安から西へと敦煌を経て天山山脈を通り、パミール高原を抜け、イラン、シリアなどを通り、地中海に達する大陸横断路である。この道はオアシス街道ともいわれ、砂漠地帯に点在するオアシスを求めてキャラバン隊が西へ移動した。この長い陸路の中継地として栄えたのが中央アジア、西アジアの一帯、現在のトルクメニスタン、アフガニスタン、ウズベキスタンなどの諸国に当たる。この一帯は、古来から定住していた原住民と四方から侵入した民族との戦いが重なり、興亡の歴史が繰り返された。古くはトルコ人、ロシア人、そしてその混血民族であるトルクメン人など三〇種にもおよぶ民族が入り交じり、民族の坩堝《るつぼ》ともいわれている。

図37　アフガン　アフリディ族婦人の上着

図38　南東コーカサス地方の服装　タジキスタン

A. アフガン　アフリディ族婦人の上着（図37）

アフリディ族とはアフガン南東部、パキスタン北西部に住む山岳民族パタン族の一部。上着は深いインディゴ(藍)色に染められたしっかりした木綿布で作られている。細かい模様はワックス製の物質が黄色、赤、灰色などの色で単純な柄を貼り付けたようになっており、灰色の縞模様にも蝋が塗られ、微光を放っている。遊牧民の衣服には鏡片、貝などの光る飾り物がみられるが、こうした装飾は魔除けのお護りとしての呪術的な意味が込められている。

円盤状の装飾品は直径五ミリの小さいものから五～六センチほどの大きなものまであるが、その一つ一つの模様には興味ある文様が刻まれており、宇宙を表わした文様や雲形模様を寄せたものがあるといわれている。

B. アフガン男性の上着

衿あきが広いのが特徴で、これはササン朝ペルシャの服型に属する。裏に毛皮が付いた子羊の皮でできた上着で、表には羊毛のくずで刺繍がほどこされている。帽子は赤い裏地の付いた綿の布製のものをかぶり、その上に大きなターバンを巻く。ズボンは、中央アジア一帯に共通しているが、だぶだぶの腰幅の広いもので、ウエストで紐を通して絞るとゆったりしたズボンとなって、立ち膝やあぐらが容易にでき、自由に脚を広げられる機能的な形状になっている。

C．南東コーカサス地方の服装（図38）

右から帽子と靴。帽子は黒かグレー、茶色のまだらな羊の毛皮製。ヒールのある黒い靴には陸上選手が履くスパイクシューズの底にある釘のようなものが付いている。外衣は木綿製でこの草原地帯では最上級のものである。ズボンは胴部分がゆったりとした動きやすいウール製でペルシャ型。

中央アジアの伝統的衣装がかたちを変えていくことがあるが、これは天候など自然環境の影響による緩やかな変化ばかりではなく、他民族との交流、戦い、宗教的な素因によるものである。衣服につける装飾品は、魔除けや豊穣を祈願する伝統がいまも残されている。

4．典拠文献A〜C（前掲書）

Tilke,M.: *Orientalische Kostüme in Schnitt und Farbe*, Berlin, Ernst Wasmuth, 1923.

ティルケ『東洋の服飾　型と色』

5．解題

ティルケの著作を補う現代の文献

第一章の「タシケント　スルタンの外衣」で著者ティルケについて述べたが、ここで補足しておく。図版、解説とも典拠としたティルケの著書ドイツ語から訳したが、ティルケが自ら足で調査した本書の記録はかなり古い。そこで筆者は現在発行の民族衣装の本でティルケの解説文をもとに、該当する民族服を調べてみた。

まずわかったことは、東南アジア・中央アジア地域は少数民族の大集合体であること。大部分がイスラム教であること。山羊を家畜の中心としてテント集落ごとに、周年移動を行う遊牧と、小麦、野菜類を耕作する定住生活を交互に営んでいる。

ティルケはこの少数民族の衣服を収集したものと思われる。

『遊牧の民に魅せられて―松島コレクションの染織と装身具』(注1)は、染織収集家としても知られている故松島きよえ氏が、中央アジア近辺の少数民族の衣服や装身品など実際に現地で調査したものをコレクションにしたものである。ティルケの著作にある中央アジア近辺の少数民族の研究と同地域を含んでいる。

ティルケの解説と類似点も多いことからも、この地域の服飾を調べるには、こちらの資料の方が詳細で美しい写真集であるからわかりやすい。当地域の服飾を調査するには参考にすることをお薦めしたい。

(注1)『遊牧の民に魅せられて―松島コレクションの染織と装身具』文化学園服飾博物館 一九九七年

二．スコットランド高地地方の伝統衣装

1．国・地方・民族　―　スコットランド

2．時期・時代　―　十三世紀？〜

3．図版解説

スコットランド名門家の伝統衣装

キルトに身をつけ、バグパイプを吹いている威厳ある紳士の姿はスコットランド高地を代表する伝統衣装である。図は名門家サー・レーン・モンクレイフ二四代当主（図39）。

キルトとは男性が着用する格子縞（タータン・チェック）の襞をとった膝丈の巻きスカートをいう。まず、頭部から見ていこう。ダチョウの毛で飾った縁なしの帽子をかぶる。首長だけが権威の象徴に鷲の羽根をつけることができる。鳥毛帽子の頂部の赤い鳥毛は、今は高地でもっとも古い連隊にしか許されない名誉の飾りである。

ウエストにベルトを締め、ベルトの前中心からスカートにスポーランsporranという山羊革で作った革袋をさげる。キルトにはポケットがないので財布や物入れに使われるが、装飾的でもある。ニット製の格子模様の靴下を、赤いガーターで留め、タータンのリボンを垂らす。正式のスコットランド

図40　キルト　13, 18世紀

図41　ルダンゴトにツイードのズボン
1853年頃

図39　スコットランド高地伝統衣装
20世紀
（出典　Spectrum Colour Library）

衣装には黒い靴を履く。くるぶしには白いスパッツをつけ、靴を雨から守る。右脚の上部靴下からのぞいているのは、スジアン・ダブ（黒いナイフの意味）といい、短剣を入れているが、昔はこのさやにナイフとフォークを差し込むこともあったという。格子縞の帯状の肩掛けは左肩にピンで留め、胸にまわして垂らす。

キルトとタータンの歴史（図40）

キルトを身につけ、バグパイプを吹いている紳士像はスコットランド、ハイランド地方の伝統衣装と広く認知されているが、スコットランド史の文献をひもといてみると、単純にそうともいえない歴史的な事件などが塗り込められている。それはキルトに限らず、多くの「民族服」それ自体が民族の運命を背負って生まれたものであるからであろう。

キルトは、元来はスコットランド、ハイランド地方の古くからある格子織りの一枚物の毛布の肩掛け、プレイドplaidとよばれる大きな布マントを着用する風習があり、森の作業場での作業着で男女とも共通であった。それが十七世紀ごろから、ベルトでウエストを固定し、膝丈のスカート部と上半身を覆う部分と二分して着用されたようだ。二ヤード（一・八メートル）×六ヤード（五・五メートル）の長方形の毛織物を横にして襞をつくり、スカートのように身体に巻きつけベルトでウエストを固定する。上の部分はこれまで通り肩掛けやマントとして使われたが、夜は頭からかぶって夜具ともなった。身体が動きやすく、岩や沼を飛び越え、牛を追って荒野で夜を明かすことが多いこの地方では便利で安価であることからも広く普及した。図に見るような今日的なキルトは、上下に切断し、スカート部分を独立して襞を縫いつけたものであり、上部は帯状に残されたもので、十八世紀の中期にほぼ完成し、伝統的とは言い難いとする文献もある。

タータンについても、タータンの縞柄の置き方や色の組み合わせ方（チェックの柄）は、着用者の氏族clan、連隊、地方などを表わす紋章ともいわれているが、各クランがどのような格子を使ったかという具体的な記録はなく、当時の肖像画や史料にも氏族と格子柄の関連性を示す証拠は見られず、個人の好みで選ばれていたらしい。典拠とした『ヨーロッパのテキスタイル史』には、タータンをはじめ、織物についての詳細な解説がなされている。

宮廷衣裳にはシルクが用いられても、毛織物は男性の外套や狩猟着や軍服には欠かせない材料であり、ブロード・クロス(注1)は最も基本的な織物として生産されてきた。十九世紀になってもブロード・クロスは、刺繍のある儀礼服や軍服や通常の上着に使われたが、裕福になった中産階級が余暇を楽しむようになると、軽いウールやウーステッドなどのインフォーマルな衣服の材料も求められるようになった。新しい需要に対応するためにイギリスで注目されたのがスコットランドの毛織物である。

スコットランドは古くから土地産のウールを用いた毛織物があり、イングランドの平織とは異なり、伝統的にツイル（綾織り：斜めの浮き糸が地模様を作り出す）で、平織に比べて配色効果が特徴であった。暗色と明色で織ったウールはシェファード・チェック（羊飼いの格子の意）とよばれ、スコットランド低地に広まっていた。(注2)

十九世紀中期の紳士の上着は青や黒の単色が使われていた。ロンドンの紳士服屋が無地の上着と対称的な柄のスコットランドのツイードをズボンに使い、上下のその組み合わせが新鮮で、たちまち流行した（図41）。

ツイードはシェファード・チェックを基本にして色やデザインを多様に組み合わせたもので、明快な色あいである。織りあがると保護色の効果があり、狩猟服にも用いられた。

スコッチ帽の歴史とタータンのその後

一七四五年にスコットランドのスチュアート家が、イングランドに対して王位復活の反乱を起こし、それが鎮圧されたあと、イングランド政府はタータンの着用を禁止してしまった。反乱の中心人物スチュアート家のチャールズ王子が、士気を高めるために高地人のタータンや伝統的な帽子を意図的に着用させたという理由からである。

帽子は「プリンス・チャーリー帽」といい、王子が愛用していた青い帽子は、スコットランドの兵士がかぶった。この帽子は、スコットランドの羊飼いや兵士が昔からかぶっていた青いウール地のスコッチ帽で、赤か青の房飾りが頭頂部についていて、着用者の一族での地位をあらわした。一族の長は三本の羽根飾りをつけ、息子は二本、郎党は一本と決められていた。羽根飾りのほかには花形帽章、樹木の小枝などを飾った。

その禁令により、クラン・タータンは一時廃れてしまうが、一七八〇年に禁令が解かれると、今度は逆に上流階級の紳士どもは争ってタータンを求めるようになり、人気の的になった。

十九世紀初期、帽子も「グレンガリー」という青いスコッチ帽がはやりだす。これも「プリンス・チャーリー帽」に似ていた。グレンガリーは、くず糸やくず布から再生したホームスパンの混紡織物などを使い、霜降り効果を出したもので、ハイランド地方の有名な族長マクドーネルが住んでいた谷の名前に由来している。

キルトやクラン・タータンをハイランド地方の衣装として確実にしたのは、軍隊がこれを使用したことにある。ハイランド軍隊が地方ごとに氏族によって編成され、制服の色柄を区別するためにも様々な格子柄ができたことから、クラン・タータンとして明確になっていったという。

(注1) ブロード・クロス:地合いが密で光沢があり、繊細なよこ畝のある柔軟な平織物。ウールやシルクで織られ、ほつれにくい特性からボタンホールなどを服に施し、ボタンによる新しい衣服の開閉方法を可能にした。(詳細は同書二一一ページ~)

(注2) 辻　ますみ『ヨーロッパのテキスタイル史』岩崎美術社　一九九六年　二一九ページ

4. 典拠文献

- 高橋哲雄『スコットランド歴史を歩く』岩波書店(岩波新書)二〇〇四年
- 辻　ますみ『ヨーロッパのテキスタイル史』岩崎美術社　一九九六年
- 永森羽純『帽子の物語』河出書房新社　一九九五年

三．ブルボネ地方の民俗服

1．国・地方・民族　―　フランス　ブルボネ（Bourbonnais）地方

2．時期・時代　―　十九世紀

3．図版解説

綿布は丈夫で、花をモチーフにした豊かな色合いは貴族から庶民にいたるまで好まれた。綿プリントがフランス国内に広まった様子は、当時の衣装図集や地方の民俗衣装の遺品などにも残っている。女性のジャケットやエプロン、ペチコートに綿プリントがよく使われており、装飾的であると同時に実用的でもある綿の普及が広く速やかに進んだことを物語っている。

図42はプリント綿のローブ、スカーフ、綿縞のペチコート、木綿の靴下と木靴。すべて木綿の材質でできた衣装を身につけている。

農民の娘たちは丈夫で実用的な綿の衣服を愛用し、綿プリントは急速に広まり、庶民のあいだに浸透していった。

十九世紀頃までは、これまでシルクやサテンなどの高級布地の衣装を着ていた貴族階級も様々なモードを求め、市民が着ていた木綿の衣装もとりいれるようになった。綿プリントは、シルクなどと

図42　プリント綿の民俗服を着る女性　1860年

は違った今までにない新しい魅力をもち流行となった。

ブルボネ地方は、フランス中央部のアリエAllier県に属し、オーベルニュ地方の北部にあたる。リヨンから北東に上がったアリエ川、オーマンス川にはさまれた地方で、温泉保養地としても有名である。

田園風景の美しい地方で、ジョルジュ・サンド（一八〇四―一九七六）の小説『魔の沼』（一八四六年）、『笛師の群れ』（一八五二年）などに、田園生活を題材にした小説が書かれている。質素な生活のなかにも大地のもとで農民たちが額に汗して働く生命溢れた力強さと自然と交感する喜びが描写されている。

フランスにおける綿プリントと衣服

ヨーロッパで最初に発見された布はウール地であった。フランスにおいてもウール地やシルク地の衣服が多い。

綿がインドなどのオリエントからフランスに入ってくるのは、一七世紀も半ばを過ぎたころで、スパイスや陶器とともにフランス東インド会社から持ち込まれ、珍しさからも需要が伸びた。インド綿布の普及に不安を覚えた国内毛織物業者、シルク業者からの抗議が強く綿布輸入の禁止令を出すが、貴族たちはインド綿の優れたプリントデザインの魅力にとりつかれ、禁止後も堂々と身につけ、その後は国内においても生産・販売が認められるようになった。

木綿工業はアルザス地方で安価なプリント綿が大量に作られた。このほかルーアンやナント地方で

も作られた。プリント綿の普及を広めた理由の一つには、

ルーアンは混紡綿布の産地である。十九世紀初期にはスカーフやハンカチのプリントで知られ、ペロチーヌperrotine と呼ぶプリント方法が一八三四年に発明されている。これはルーアンのペロ（Perrot）が考案したのでこの名があり、木版にメタルをはめ込んで版を作るやり方で、簡単に早くでき安くついたことなどにより、デザインの多様化に効果があった。（注1）

（注1）辻　ますみ『ヨーロッパのテキスタイル史』岩崎美術社　一九九六年　八三ページ

4．典拠文献

・辻　ますみ『ヨーロッパのテキスタイル史』岩崎美術社　一九九六年

四．エボレーヌ村の少女

1．国・地方・民族　―　スイス

2．時期・時代　―　十九世紀

3．図版解説

西ヨーロッパの多くの国の民族服が安定的に着用されるのは、十八世紀末から十九世紀中期までであるが、スイスにおいても同様である。その後は交通、通信や生活の近代化に伴って民族服はしだいに廃れていく。都会的な衣装が広まっていくなか、人里離れた谷あいの山腹で外界から孤立して暮すアルプス南部地方の女性は、昔ながらの衣装を大切にしている。

スイスはヨーロッパの中央にある小国なので、隣接地域の影響を受けている。イタリア、ドイツ、フランス、オーストリアに接する地方は、その接する地方と密接に親戚関係にある服型がみられる。そのためであろうか、スイスの民族服は服型が多い国である。しかし、田舎やアルプスの人里離れたところでは、その影響を受けずに古いかたちで残され、数多いスイスの民俗衣装のなかでも極めて地味で質素である。エレン渓谷のエボレーヌ村はアルプスの山のなか、標高一〇〇〇メートルを越えるあちこちの谷あいに昔ながらの生活を営んでいる。

図43　スイス　エボレーヌ村の少女　20世紀
（撮影　Adam Woolfitt）

アルプス地方は、冬は雪にとざされ、農業は夏にしかできない。冬は長く寒い。夏は短く乾燥していて、農作業は夏の数ヶ月間に集約される。冬の生活は比較的暇で、家畜は屋内で飼う。山あいで農業を営んで生活している人びとは、冬のあいだの収入を得るために木彫りや時計作り、低地の町に出稼ぎに出ていた。

エボレーヌの村は、古くから糸を紡ぐ仕事が伝えられており、織物産業などの地場産業に従事する女性たちも多い。

この地方の民俗衣装は、ほとんどが暗褐色か黒で、きわめて保守的な色の手織りのものであった。図43の少女の衣装は、どちらかといえばフランスのアルプス山脈に近い衣装である。黒のボディス（胴着）とたっぷりした同色のラシャのスカートをはいている。図でははっきりわからないが、スカートがつながったワンピース形式のスモックのようにも見える。ボディスの衿元と袖口には刺繍がほどこされている。目にとまるのが、豪華な刺繍のあるエプロンで、あでやかなベルトにボタンでとめてある。フランネルか絹製の大判スカーフを三角形に折った花柄のスカーフが胸元をひきたてている。

4. 典拠文献

- 『世界の民族3　ヨーロッパ』 平凡社　一九七九年
- Snowden,James; *The folk dress of Europe*, London, Mills & Boom.1979
スノードン著　石山彰訳『ヨーロッパの民族衣装』文化出版局　一九八二年

五. ユニークで美しいレースの帽子

1. 国・地方・民族 ― オランダ

2. 時期・時代 ― 十八世紀

3. 図版解説

オランダの風土と歴史

オランダとフランスのブルターニュ地方は世界でもっとも多くの民族服が残されているところといわれている。

それは二つの地域が運河、川などの水によって孤立し、中央からの情報伝達が困難であったことが大きな理由である。今日でいえば、情報プアーな地域であった。そのおかげで流行情報が侵入せず、地域の伝統衣装はそのまま引き継がれた。

オランダ（ネーデルランド）は、西ヨーロッパのなかでも西北部に位置し、西部沿岸地帯は北海に面し、北部はワッデン海に、東部、南部はドイツ、ベルギーに接している。

ネーデルランドはその意のごとく、低地にある国である。北海に面してライン川、エムス川などの大小河川が集まり、その河口にできたデルタ地帯で国土の約三分の一が海面下にある。それゆえ、こ

図44　ゼーランド州　貝のかたちをした美しいレースの帽子　20世紀

図45　フォーレンダム地方の
帽子「ハル」

の地に住む人たちは昔から人工的に海、湖を干拓して国土を作り、また海から国土を守るために堤防や護岸設備を強化して国の安全を図ってきた。

オランダの領土は、中世には独立した小国の集合体であったが、十六世紀後半、スペインに対する反乱を契機にゆるやかな共和国としてまとまり、オランダ国家としての文化、政治、経済の基礎がうち立てられた。だが、もともと様々な民族により構成された国であり、それぞれの民族のもつ固有な言語、民族的な特徴や生活様式は、同じオランダといっても一束にはくくれないものがある。

話す言語や人種のちがいに加えて、農村、都市部、半島などの社会的な生活環境、自然環境の相違、宗教的な影響などによっても生活習慣のちがいは必然的に出てくる。

衣装も民族により多種多様な形態が残されており、なかでも、かぶりものの多様さとユニークさは、まことに驚くばかりである。

民族服を象徴するユニークな帽子

ゼーランドZéeland州はオランダ南西部沿岸の岬の複雑に入り込んだ州。ベルギーに接するスケルデ川が北海に注ぐ入江の多くの島を含む。フランスにも近い地域で、近年、海の観光街としても名が知られている。

ここに紹介するのは、ゼーランド州アルネマイデン地区の帽子（図44）。

顔の三倍もある横に広い貝の形をしたレースの帽子に特徴がある。

スノードン（注1）によれば、このかぶりものは新旧二つのキリスト教に関連があり、図のような横に広がっているのはプロテスタントのもので、これに対し、カトリックの帽子は角張っている、とある。

この地方は帽子ばかりでなく、金製のロケット、赤い珊瑚の首飾りなど、民族衣装につけるアクセサリーも多い。

オランダのかぶりもので世界的に知られているものに、アルネマイデン地区の帽子以外に、北ホラント州首都アムステルダム近郊のフォーレンダムVolendamとマルケンMarken島の帽子がある。

フォーレンダム地方の「ハル」とよばれる帽子は、レースと刺繍で仕上げられ、糊をきかせて固め、帽子で頭や顔がすっぽり隠れてしまうほど大きい（図45）。正面からみると頭上に高くのびた円錐の角（つの）と両頬からとびだした翼のように、三方からすっかり頭部を覆ってしまう。上着は黒っぽいジャケットを着る。房つきの刺繍ひもを首に巻いたり、うしろから胸元に垂らす。スカートはウール地の黒や濃色のくるぶし丈のロングスカートをはき、白地に縦縞の木綿のオーバースカートを重ねる。

住民は民俗衣装をまとい、木靴をはき、木造の家にすんでいる。最近は、帽子をいかに華やかにみせるかの研究がされているそうである。

マルケン島の女性の民俗服も特徴がある。ボディスは袖なしの豪華な刺繍がほどこされ、家代々継承されている。

帽子もオランダの他の地方では、頭髪を金属製の留め金（バンド状）のなかに入れ、キャップをつけ、その上に白いレースの帽子をかぶるのだが、マルケン島では、金属性のキャップは用いず、髪の毛は左右に垂らして自然に見せている。帽子はレースと刺繍で飾られた小さなキャップで、司教冠（ミトラ）に似ており、目立つように茶色の裏がついている。

漁業が盛んなスパケンブルクSpankenburgの女性の帽子は、何ともまか不思議。オランダの地方では頭髪を金属製のキャップのなかに入れ、その上に帽子をかぶるのが普通であるが、ここでは、帽子の下に金属製のヘルメット「金のかぶと」をかぶる。金のかぶとの方が目立ち、帽子は頭上にかたちばかりのこじんまりしたもので、アンダーキャップと本来の帽子が逆転している。

こうしたオランダの特徴ある民族服を見ようとする観光客が最近集まっているが、これらの村では民族文化の博物館として、ある程度は手を加えながら保存していく方向にある。

民族衣装のなかでも、特にかぶりもの、帽子のユニークなことがこの地方の民族性を顕著にあらわしている。

北海に面したフリースラント州の田舎には、土を盛り上げた低い丘があちこちにある。これらの丘は洪水から身を守るために、この地方の人びとが作ったもので、以前は村全体が丘で暮らしていた。もっとも古いのは、原始フリジア人とよばれるゲルマン語派の遊牧民族が紀元前五世紀につくった土盛りである。丘には簡素ながら教会もある。田園地方に点在している農家の建物は住居と家畜小屋とが屋根のついた通路でつながっている。

フリースラントには伝統的な慣習がたくさん残っているが、とくにスポーツに関しては昔ながらのものが今でも行われている。この地方には水路や運河が多いため、水に関係するもの、とりわけスケートは州内十一の都市をまわる「エルフステデントク（十一都市競走）」は有名である。

スポーツのほかに、服飾品も特徴あるものが残されている。巻貝のかたちをした装身具は、紀元前のものと思われるものが見つかっている。

民族衣装を身につけた淑女と紳士が、飾りをつけたシーゼン（一頭だて二輪馬車）に乗り、肩寄り添って白い花咲く道をゆっくりと馬を走らせる光景は、いまでは祭りや結婚式以外は見られなくなった。

オランダの中心地である南・北ホランド州には、古い町の中心部にある運河に沿って、見事な家が立ち並び、海面より低い土地やチューリップの球根畑、風車などもあり、多くの外国人が描いているオランダのイメージそのものの風景が、広がっている。

（注1）　スノードン著　石山彰訳『ヨーロッパの民族衣装』文化出版局　一九七九年

4．典拠文献

- Snowden, James: *The folk dress of Europe*, London, Mills & Boom, 1979.
  スノードン著　石山彰訳『ヨーロッパの民族衣装』文化出版局　一九八二年
- 『世界の民族と生活5　北ヨーロッパ』ぎょうせい　一九七九年

六. モラヴィア地方の伝統衣装

1. 国・地方・民族 ― モラヴィア地方（チェコ東部）

2. 時期・時代 ― 十八世紀後半〜十九世紀

3. 図版解説

チェコとスロヴァキアは、世界に誇る美しい民族服を有する国の代表である。特徴は色彩、デザイン、装飾品が豊富であること、レースや刺繍が色鮮やかであること。

チェコとスロヴァキアは、もとは一つの国でスラブ語系民族である。歴史をさかのぼると国家としてまだ形成されていないころは、モラヴィア王国であったが、十世紀半ば、神聖ローマ帝国に組み込まれた。

モラヴィア、ボヘミア地方はビザンチンやトルコの文化の影響を受け、のちにハプスブルク家の傘下に入り、華やかな宮廷服飾文化に接している。一方、地理的には、険しい山脈によって地域が隔離され、各地域に持ち込まれ育った衣装は、山に囲まれ外界との接触が少なかったことから、その村や地域の固有な服装を生み、華やかで多様な民族衣装が残された。

そのなかでも最も美しいといわれているのが、チェコのストラゼニーツェStrážnice（現在はスト

図46　モラヴィア地方春祭りの衣装　19世紀

ラコニツェ）の衣装といわれている。ストラゼニーツェは南モラヴィアの中央部、ブルドン山地やフジビ山地に囲まれている。

図46はモラヴィア地方の豊穣を祈願する春祭りの衣装。この春祭りは冬の終わりを告げるもので、よびものはたくさんの卵の殻を飾りつけた大きな人形を運ぶパレードである。

少女たちは真っ白なレースやリボンレース、ニードルポイントレース、白糸刺繍をふんだんに用いた衣装、首まわりには大きなレースのフリルがまっすぐに立っている。ちょうちん袖は肩と肘にぴったりと取り付けられ、膨らみを固定してある。

この地方はレースや白糸刺繍が盛んである。刺繍は衿元、袖口ばかりでなく、スカートなどにもほどこされている。また女性の衣装ばかりでなく、男性の服にも装飾が見られる。

蛇足であるが、もう四〇年も前になろうか、筆者がユーレールでヨーロッパ旅行の途中、この地を訪れたとき、街の瀟洒な小物屋さんでリネンの白糸刺繍やレースを見つけ立ち寄った。洋服までは手がとどかなかったが、テーブルクロスとランチョンマットのセットを求めた。当時は一ドル三六〇円の時代であったが…。いまでも使わずに小箱にしまってある。

4．典拠文献

- 『世界の民族と生活5　北ヨーロッパ』　ぎょうせい　一九七九年
- Snowden, James; *The folk dress of Europe*, London, Mills & Boom, 1979.
  スノードン著　石山彰訳『ヨーロッパの民族衣装』　文化出版局　一九八二年

・丹野郁監修『世界の民族衣装の事典』東京堂出版　二〇〇六年

第六章　スポーツ服・遊戯服

＊十九世紀後半、スポーツの普及は、とりわけ女性にとってスポーツ服という過去の服装史上にない衣服が誕生した。

＊これまで求められた女性美と女らしさは、ウエストは細く絞り、腰を膨らませ、人形のような女性の身体が理想とされてきた。時代の進展に伴い、かつては経済的自立や法的権利が認められていなかった女性が社会参加するようになり、健康、女性美に対する新しい価値観が芽生えてくるが、その一端を担ったのがスポーツ服である。

＊十八世紀すでに活動的な市民服で各国に影響を与えていたイギリスではスポーツ服においても進んでおり、初期のスポーツ服は、スポーツ別による特別な形式の衣服ではなかったが、十九世紀の後期にはサイクリング服のズボンの着用、水着の発展は、とくに女性の近代化を進める大きな要因となる。

＊スポーツ服の発展に伴い、日常服もしだいに紳士用と似た婦人用のテーラード・スーツ、すなわち、ジャケット、スカート、ブラウスの組み合わせは簡素化されたファッションになる。

＊本章スポーツ服の「時期・時代」は、そのスポーツが貴族・市民階級に普及されていくおよその時代を記した。

一．狩猟服

1．国・地方・民族　―　イギリス・フランス

2．時期・時代　―　十六世紀頃〜

3．図版解説

狩猟は貴族のお遊び

狩猟はもともと人類にとって生きるため、食するための絶対的な生活手段であり、もっとも長い歴史をもつ技術である。

農業や牧畜、漁業が発生、発達するにつれて、狩猟は生活手段としての価値が薄れ、やがては王侯貴族の娯楽やスポーツとしての遊猟となった。狩猟や乗馬はそうしたスポーツなどの先手となる。

狩猟は十六世紀ごろから王侯貴族のもっとも好まれた娯楽（スポーツ）で、大勢の貴婦人や領主たちが鹿狩りを楽しむ光景が絵画に残されている。十六世紀半ばを過ぎると、王侯の狩り場では、森の奥深くに瀟洒な東屋《あずまや》が建てられるようになる。諸侯や貴婦人らはそこで談笑しながら獲物がやってくるのを待ち受け、それに弓や小銃を放った。貴婦人たちは、ラフ（襞衿）のついた絹の流行の衣装を着て狩猟を楽しんだのであるから、特別な狩猟服ではなかった。

図47　狩猟服　アナイス・トゥドゥーズ画　1891年

女性の服装の長い歴史を破って狩猟服や乗馬服が出現するのは、まだ先の時代に委ねなければならないが、シルエットや装飾において緩やかな変化が見られるようになる。

狩猟服は、夜会服などとは対照的に活動的・機能的な美しさがあらわれてくる。

十九世紀末には余分な装飾を廃し、単純化して動きやすい実用的なジャケット、スカート・ブラウスからなるイギリス風のテーラード・スーツが着用された（図47）。

「左の服は、カフスや衿、胸当て布、ベルトは鹿革が用いられている。右は、スカートの一部、上着の衿、カフス、ジレなどに灰色のスエードが使われている。」（「ファッション・プレート全集Ⅳの解説」より）

この頃になると女性のスポーツ着は概して厚いホームスパンやツイードが用いられた。

4．典拠文献

- ブランシュ・ペイン著　古賀敬子訳『ファッションの歴史　西洋中世から十九世紀まで』八坂書房　二〇〇六年
- ブリュノ・デュ・ロゼル著　西村愛子訳『20世紀のモード史』平凡社　一九九五年

5．解題（プレートの原典）

La mode illustrée, journal de la famille, Paris, Firmin-didot, 1860-1937.

「モード画報」の意で、十九世紀後半に現われたモード史のうちではもっとも重要なものの一つ。一八六〇年に始まり、一九三〇年代末まで続いたフォリオ判の大型雑誌。この雑誌は毎週日曜日に、二万部程度発行されたといわれている。
本誌は婦人用下着を初めて掲載した雑誌の一つである点でも知られており、トリミングのレースや刺繍までが綿密に描写されてはいるものの、この場合の人体そのものは省かれている。当時一般のモード誌では、下着やコルセットを描き出すことはタブーとされていたが、本誌は一人体を抜きにしてではあるが一それを大胆にやってのけたというわけである。（石山彰筆「モード・イリュストレ」解題より一部転載）(注1)
サブタイトルに「家庭誌」とあるように、家庭の母親や娘が必要なものを自分で作れるように服や付属品の図解と詳細な解説を加え、型紙なども折り込んである。下着や帽子、スカーフなどのアクセサリー、小物なども豊富に採りあげている。大衆モード誌の誕生である。

（注1）『文化女子大学図書館所蔵欧文貴重書目録　解題・目録』二〇〇〇年

二．乗馬服

1．国・地方・民族　―　イギリス・フランス

2．時期・時代　―　一九世紀初頭～

3．図版解説

現代競馬の歴史

人類が馬を使い、その走る力、物を引く力を利用しだした歴史は古く、紀元前にさかのぼる。乗馬の競走は古代ギリシアのオリンピアードの記録にも残っている。現代競馬は「一一七四年にロンドン市の門外スミスフィールドで毎週金曜日に貴族のために馬市を開き、その原野にコースを設けて行った競走だという。イギリス人のスポーツ愛好と王室の後援、それに馬質の改良がともなって、イギリスの競馬はしだいに盛んになった。(注1)」イギリスからヨーロッパに流行した競馬は、パリではオルレアン公が力をいれた。

乗馬服の流行

フランスでは一八〇〇年以降共和制に移ってからチュイルリ宮の社交界を失った上流社会の人々

図48　男女の乗馬服　1831年

図49　乗馬服　1894年

は、田舎の館（チャトー）や海辺の別荘で新たな楽しみを見い出した。乗馬服は上流婦人たちの必需品になり、競馬や散策などの外出用のドレスにマッチしたパラソルをもつことが彼女たちの誇りでもあった。

一八三〇年代からは婦人の乗馬も盛んになり、モード誌は社交服と同様に乗馬服のニューモードをも定期的に載せるようになる。

一八三一年は女性の乗馬がはやりだした初期のころ、女性服の上半身は単純化し紳士服に近づくが、腰から下は引き裾のある膨らんだスカートのままのスタイルでアマゾーヌamazoneとよばれた。サイド、あるいは前が開いたエプロンのようなスカートである。

ロマン主義スタイルの象徴的なX字型シルエットであり、コルセットでウエストを細く、スカートの裾をペチコートで重ねて大きく広げ、袖は極端に大きくなっている。ベールをつけた紳士用の大きな帽子をかぶる。紳士服と同じカラー、クラバット、上着、そして大きなスカートと寄せ集めのスタイルである（図48）。

実際に女性が馬に乗るときはいつも馬体の片側に両足をそろえて鞍のうえに横坐りであった。またがるのに比べたら危険な騎乗姿勢であったが、女性が馬にまたがるのは、はしたない、品がないとされた。馬から降りるときは、下僕の助けなくしては降りられなかった。勿論この頃の乗馬は多くの召使いを使用している特権階級の楽しみであったから。

ロンシャン競馬場は洒落者たちの溜まり場で、一八三三年にはジョッキー・クラブが創設された。ここにあつまる者たちを「リオンlion：牡獅子」「リオンヌlionne：牝獅子」とよび、リオンはきざっぽいおめかし屋、リオンヌはその相棒の貴婦人たちである。彼女たちはブローニューの森を馬車で流行のモードを互いにみせびらかしあうのが楽しみであった。新しいタイプの威勢のよい女性の姿について、次のような記述もある。

リオンヌたちは熱狂的で行動派の女性で、槍騎兵のように馬を駆り立て、馬上でピストルを操ってみせる。競馬場の隠語を話し、喫煙し、シャンパンをたしなむ。彼女たちの乗馬服は、飾り紐と鈴つきのボタンで飾られ、コルサージュの前は飾りのついたブラウスの前で開いていて、袖口はカフでとめられ、それを隠す長さの黄色い皮手袋をはめている。リオンヌたちの装いは、昼間は英国風、夜はまったくエキゾチックなもの。(注2)

十九世紀後半、ナポレオン第二帝政期には、男性のスポーツ服は乗馬服に限られ、ぴったりしたキュロット、長靴、細身のステッキに伝統的なシルク・ハットが組み合わされた。(注3)ふくらはぎが隠れる長い頑丈なブーツをはくこともあり、ボタンで留めるレギンス(注4)と浅靴を組み合わせることもあった。

一八九〇年代になると、長い裾のスカートの下に長ズボン(のちにジョーパーズに進化する)をはくようになる。一八九四年にはスカート丈の長いテーラード・スーツになっている。上着は裾にペプラム状のフレアーがつき、袖の細い、身体にフィットした丈の長いものが着用された(図49)。

おそらく郊外にある自分の領地内で乗馬をするときは、スカートをはかずにズボンのままで馬にまたがって騎乗した女性もいたのではなかろうか。

乗馬服という機能上の必要性がスカートをはくという伝統的な女性らしいという理念より勝ったからであろう。

上流階級の女性たちが乗馬服によって、女性のズボン姿というタブーを破ったことを契機に、ズボンはサイクリング服などのスポーツ服以外の日常服にも着用され、身分・階級を問わず、広く女性たちに着用されるようになっていく。

それは何より身体がのびやかに動き、着心地がよかったからである。

（注1）日本体育協会監修『現代スポーツ百科事典』大修館書店　一九七〇年　二一二～二一三ページ

（注2）南　静『パリ・モードの二〇〇年　1：十八世紀後半から第二次大戦まで』文化出版局　一九七五年　三二ページ

（注3）フランソワ・ブーシェ著　石山彰：日本語版監修『西洋服装史―先史から現代まで』文化出版局　一九七三年　三八二ページ

（注4）レギンスleggings：本来は乳幼児が冬に用いる足先まですっぽり包みこむ形になったニット製のパンツをいう。足先を袋状に縫ったものや、野球のユニフォームなどに使うアンダーソックスのような底の抜けた形になり、共地あるいは紐で土踏まずの部分にひっかけて留めるようになっているものもある。

4. 典拠文献

- Boucher, F; *Histoire du costume :en occident de l'antiquité a nos jours,* Paris, Flammarion, 1965.
フランソワ・ブーシェ著　石山彰：日本語版監修『西洋服装史―先史から現代で』文化出版局　一九七三年
- 南　静『パリ・モードの二〇〇年　1：十八世紀後半から第二次大戦まで』文化出版局　一九七五年
- Laver, James, *Concise history of costume.* London, Cassll, 1963.
ジェームズ・レーヴァー著　中川晃訳『西洋服装史』洋販出版　一九九一年

三、アイス・スケート

1. 国・地方・民族 — 北欧・フランス・イギリス

2. 時期・時代 — 十九世紀頃〜

3. 図版解説

スケートの起源は、あまりはっきりしていない。

雪の多く降る地方にスキーが生活上の必然から発明されたと同様に、湖沼の多い北ヨーロッパにスケートが氷上を歩く便利な用具として発明されていたらしい。いつ頃からかは定かではないが、鉄器が発明される以前に既に獣骨製のものが氷上の交通運搬具として作られていたという説もある。

北方に住んでいたフィンランド人、スエーデン人、デンマーク人のあいだに転々として伝えられ、そののちに中央ヨーロッパに伝播されたと推定される。とりわけオランダのアムステルダムはスケートの歴史にとって重要である。十二世紀にアムステルダムに運河が敷設され、その運河を中心にして都市が形成された。冬期になると、この運河は全面凍結して氷上が都市に住む人びとの絶好の遊び場となった。ここでおこなわれていた氷上遊戯のなかからアイス・ホッケーやスピード・スケートが芽生えてくる。技術も徐々に改善されていったが、それでも編み上げ靴の底に付ける金属の滑走用具ブ

図50　優雅なスケーティング　1876年

レードは長いあいだ動物の骨であった。

イギリスには十三世紀ごろ広がった。それはイギリスで発見された古画のなかに、その頃遊戯として子どもたちが骨製のブレードを靴にしばりつけて長い棒で船を漕ぐように氷上を滑っている光景が描かれている。

実際にスポーツ・遊戯として貴族階級に取り入れられるようになると、ブレードにアイアン（鉄）を加工して用いるようになり、精確なエッジングの技術で、一蹴りで円形やS字を描くような滑走ができるようになり、優雅なスケーティングが可能になった。

アイス・スケートがファッション・プレートにお目見えするのは十九世紀も後半である（図50）。スケートのための特別な服装ではなかったが、当時流行のバッスル衣装でスケートを楽しんでいる婦人たちが描かれている。

バッスルbustleもクリノリンと同じくスカートを膨らます腰当ての道具であるが、スカートのうしろを膨らませる腰当バッスルは針金を組み合わせて作られていた。当時の女性は尻に針金製の籠をつけ、ウエストにベルトで支えるような装置を身に付け、シルエットを作り出す下準備をしていた。そのうえに張りのある布を襞飾りで幾重にもまとめて装飾をほどこし、美しい形を作り出していた。

わが国でも明治十七（一八八四）年ごろ、鹿鳴館時代の園遊会や舞踏会に政府高官夫人や華族の令嬢たちがバッスル・スタイルの腰のうしろを膨らませたドレスを着ている姿が錦絵などによく見られる。

これまで見てきたように、初期のスポーツ・遊戯服は、その専用の特別な服があったわけではなく、日常の外出着や散歩服のままで、身体の動かすには実際不便なデザインであっても、〈肉体を動かす〉という、これまでにない喜びを感じさせていた。

4．典拠文献

・稲垣正浩［ほか］著『図説スポーツの歴史』大修館書店　一九九六年

・南　静『パリ・モードの二〇〇年　1：十八世紀後半から第二次大戦まで』文化出版局　一九七五年

・丹野　郁編『西洋服飾史』増訂版　東京堂出版　一九九九年

四. ローンテニス

1. 地方・民族 ― フランス・イギリス

2. 時期・時代 ― 十九世紀～

3. 図版解説

ローンテニスの歴史

その名の通り芝生の上で行われるテニス。今日では土、セメント、化学製品のカーペットなど異なったサーフェイスでプレーされ、屋内、屋外を問わないが、ローンテニスが現代のテニスの元祖にあたるといわれている。

その歴史を辿ってみると、起源と変遷には諸説あり、明確ではない。

古いところでは、十一世紀フランスの修道院で行われていた「ジュ・ド・ポーム」というテニスに似たゲームがあり、ボールは羊毛か動物の毛を羊の皮で包んだもので、素手で手のひらや握りこぶしで打ち合いをしていた。その後ゲームは手のひらの代わりにラケットに相当する木の棒の片面を平らに削ったもの、相手方とのコートの境界線のかわりにネットを採用したことなどの改良が加わり、テニスの基本要件が整うと、これまでにない斬新な球技になり王侯貴族を魅了し普及した。

図51　ローンテニス用のフランネルのドレス　1895年

イングランドには十四世紀頃伝わったといわれている。しかしこのころは、まだ「テニス」という呼称は成立していなかった。当初この競技はイングランドでは目立った存在ではなく、競技の形式も今とは異なり、幾つかあったようだ。『テニスの源流を求めて』では、

例えば「エリザベス王女の部屋の窓下に広がる四角形の芝生の中庭で、幾人かのサマセットシャーの男たちが「ラインを引いて、テニスコートの形を定め、真ん中でコートを二分するロープを張り、ハンドボール、木枠と紐で出来た打ち板を用いてプレーし、女王陛下のご歓心を得た」とか、また十八世紀の終わりごろでさえ、「フィールドテニス」があのクリケットの存在をおびやかす危険なスポーツであると言われていたとか、ビクトリア王女が王位につかれたころには「ロングテニス」と呼ばれる球技が存在していた、と言われている。(注1)

どの文献にも共通なことは、十九世紀後半、一八七三年の十二月のこと、イギリスの一人の田舎貴族、W・クロンプトン・ウインフィールド少佐はデビンジャー州のナントクロイドの、あるカントリーハウスでローンテニス(または「スファイリスティッケsphairistikè」)というゲームを紹介した。このゲームはおそらくそれ以前に当時流行していたスカッシュなどの打球技を参考にしながら、屋外で行われていたロング・ポームlongue paumをアレンジし、提案したのがローンテニスの発生につながった。

初期のころのボールは羊毛でできた袋にボロを固く詰め込んだものだったので弾力性に乏しく、芝生の上ではほとんど跳び返らなかったが、改良を重ねて一八七四年に、中空のゴムボールにフランネ

ルの布をかぶせて補強することに成功した。ゴムボールは軽く、芝の上でもよく弾み、楽しさが倍増した。ゴムボールの大量生産はテニスの大衆化、普及に大きな役割を果たした。

平凡社の百科事典によると、テニスという用語は「今日確認されている文献上の初出年は一三九九年で、詩人J・ガウアーが〈tenetz〉と表記している。」とある。

ガウアー以後、テニスの表記はいろいろに変化するが、今日のtennisに落ち着くのは一六〇二年、シェークスピアが『ハムレット』のなかで用いてからであろうといわれている。

その後のテニスの普及、発展については、

ルールは様々であり、改正もしばしば行われたが、正式にはウインブルドン大会で決められた。一九〇〇年に開かれた第二回のパリ・オリンピック大会では〈女人禁制〉であった第一回アテネ大会とはちがい、女性選手の参加が認められ、その競技にテニスとゴルフが選ばれた。記録によれば一〇七七人の参加選手のうち、一二人が女子選手だった。これまで男性中心のスポーツであったのに対し、女性もできるスポーツ競技として女性のスポーツ参加の道を開いた。(注2)

テニスは国際的なウインブルドン大会やオリンピックに代表される競技テニスとイギリス上流市民の社交テニスとの二つの道で普及していった。

(注1)　表　孟宏編著『テニスの源流を求めて』大修館書店　一九九七年

（注2）『近代オリンピック一〇〇年の歩み』日本オリンピック委員会編　ベースボール・マガジン社　一九九四年

テニス服

十九世紀後半、上流市民の社交的なお遊び、スポーツとして女性を夢中にしたローンテニスは自宅の庭やクラブの庭園で家族ぐるみでの娯楽としても人気を得ていた。服装についても特別なものを必要としないので、上流階級の婦人は時代の流行の衣装でプレーを楽しんだ。

一八九〇年代はS字カーブ・シルエット、「蜂の腰スタイル」ともよばれ、コルセットでウエストを細め、裾に向かって自然に広がったフレアースカートになっている。図51に見られるフランネルのドレスの袖は＜ジゴgigot袖＞といい、フランス語で＜羊の脚＞の意味で、袖のかたちが羊の脚のかたちに似ているところから名づけられたが、上部の袖つけの部分にギャザーやタックで大きく膨らみをつけ、袖口はぴったりしている。

どうみてもテニスをするような服装ではない。

そのような身体を動かしにくい服を着ていても、彼女たちは青空の下でラケットを振りまわし、「まぁ！キャプテン、私のボール、アウトでありませんわね？」といきいきとテニスを楽しんだそうだ。

当時は帽子をかぶっていたのでオーバーハンドのプレーはできなかったし、スカートがじゃまして前後に走りにくいだろうから、ルールでボールは必ず二回バウンドしてから打つように、などの提案もあったが、否決されたという逸話もある。

十九世紀末でのテニス服に関する規定は、〈白い服を着用する〉という以外はなかったので、モスリンとレース地の立ち衿のワンピースを着るようになった。

一九〇〇年のパリ・オリンピック大会の女子プレーヤーは、純白の長袖のロングドレスにつばの広い帽子をかぶっている。

男性のテニス服は、一八八〇年ころは長袖シャツにニッカーズを組み合わせて、清潔感から白一色を原則としていた。

一九一二年からテニス服は長袖から腕の中ほどまでの短いものが着用された。頭には布製の帽子（ボネ）をかぶるようになった。女性の方もスカートがミモレ丈に、袖はむきだしになるほど短いものになった。これは大革命といえよう。

男性のテニス服は、英国ウインブルドン大会で着用された服がその流れをつくったともいわれている。ふつうは白地のコットンかリネンのズボンに低い衿のシャツ、白いフランネルのブレザーかニットの上着を着た。

4．典拠文献

・表　孟宏編著『テニスの源流を求めて』大修館書店　一九九七年

・ランス・テェンゲィ著　結城　肇編訳『写真で見るテニスの歴史』ベースボール・マガジン社　一九八二年

・南　静『パリ・モードの二〇〇年　1：十八世紀後半から第二次大戦まで』文化出版局

一九七五年

・『近代オリンピック一〇〇年の歩み』　日本オリンピック委員会編　ベースボール・マガジン社

一九九四年

五. クロッケー

1. 国・地方・民族 ― フランス・イギリス・アメリカ

2. 時期・時代 ― 十九世紀～

3. 図版解説

クロッケー Croquet は十五世紀ごろフランスで生まれ、十七世紀ごろイギリスに伝えられた打球技の一つ。語源は北フランスの方言で鉤（かぎ）を意味する語からきており、打球に用いる木槌の先の曲がった鉤のかたちに見たてたものである。

昔のアイスホッケーのおもがけを残しているが、今日ではまっすぐ平らな棒で行なわれている。

芝生の上の軽スポーツとして婦人に親しまれ、一八七〇年にはウインブルドンに全英クロッケー協会、八二年には全米連盟が設立され英米で普及した。スポーツとしては比較的早い時期におこなわれた球戯である。しかし、こうした組織化の試みはあまり長続きせず、オリンピックでも番外競技となり、組織スポーツとしては発展をみなかった。クラブや家庭万人向きのレクリエーションゲームとして単純で誰でも楽しめる球技として非常に普及した。

芝生のある家庭ではたいてい用具一式があったという。

図52　クロッケーを楽しむ　1895年

競技は、芝生の上で行われ木槌（マレー）で木球を打ち地面に立てた鉄ワイヤー製の小さな柱門（フープ）を幾つかくぐらせ、最後にコートの中央にある標柱（ペグ）にボールを打ち当てればあがりとなる。このゴールは中世の城門に添えられていた、くぐり門にちなんで今日までウイキットwicketとよばれている。

日本のゲートボールの原型ともいわれている。

クロッケーも特別の服を要せず、当時流行のクリノリン姿（スカートが広がったスタイル）のままで行なうことができたことから女性にうけた。

図52のスタイルは十九世紀末期のもので、肩広がりのほっそりとしたシルエット、ジゴ袖や立ち衿のついたケープ状の肩衿が見られる。

4．典拠文献

・表　孟宏編著『テニスの源流を求めて』大修館書店　一九九七年

・南　静『パリ・モードの二〇〇年　1：十八世紀後半から第二次大戦まで』文化出版局　一九七五年

・日本体育協会監修『現代スポーツ百科事典』大修館書店　一九七〇年

六．ヴォラン（volant）羽根つき・バドミントン

1．国・地方・民族　―　フランス

2．時期・時代　―　十九世紀初頭～

3．図版解説

ヴォランvolantは、羽根、羽根つきという意味である。

ヴォランとテニスはどうも同一の球技から発祥しているのかもしれない。ブーシェの本（注1）には、一五八〇年頃、「ジュ・ド・ポーム遊びをする人」と題する水彩画がパリ国立図書館にある。当時男性に流行した首の周りに大きなラフ（襞衿）をつけ、脹らみのある膝下までのズボンにケープを小粋に肩にかけて、ラケットを持つ男性像が描かれている。

図53はヴォランを楽しむ女性たちを描いた一八〇二年の図版。図版のキャプションは出典の文献には「バドミントン」とあるが、図版の原典（プレートの原典解題参照）をみると「volant」になっている。原典の図版の解説にはポームの遊びの記述がある。

「かつて、ヴォランはラケットなしで遊んだ。小さな毛糸の毬に羽根をつけたボールを手のひらで打って輪になってボールを追いかけた。これは昔ポーム la paumeとよんでいたゲームと似ている。

図53　ヴォラン
（volant）
ボジオ画
1802年

図54　襞飾りのある畝織り
モスリンのドレス
1820年8月

しかし、今の私たちがやっているヴォランは、昔に比べて格段に上品で優雅である。ラケットは絹やビロードのような柔らかな布、モロッコ革で飾り、とてもエレガントである。ブルジョア階級の女性たちは羊皮でできているシンプルなラケットを使っている。庶民や下層の女性たちは柳の小枝で作ったラケットで遊ぶ。

パリでは日曜日、ヴォランは上流階級の人々はホテルのサロンでプレーする。子どもたちは庭で、守衛の少女や召使いたちは控えの間で楽しんだ…。」

球技の変遷は辿れなかったが、古来からあった球を用いるゲームが、のちの時代にその地域に適した様式に変化し、広まっていったように思われる。

53の図は服飾版画に遊戯やスポーツが描かれたものとしては比較的初期の作品である。エンパイア・スタイルの典型的なシルエットで、胸元が開いた薄いシュミーズドレスを着てプレーをしている。わきあいあいと殿方のうわさをしながら遊んでいるのであろうか。そばのベンチにはショールや帽子、持ち物が置かれている。ベンチから落ちた扇なども無造作に描写されている。

図54は一八二〇年の作品「ヴォランをする少女」。出典の図版では衣装の説明がキャプションになっている。

王政復古時代の衣服で、まだエンパイア・スタイルをとどめていているが、裾広がりのシルエットが特徴的である。畝織りモスリンのドレスには裾と袖に襞飾りやギャザーがつけられている。ドレスのうえに重ねている白いカヌズー（ヴェストのような装飾品）にもたくさんの襞飾りがある。普通このような流行の衣装には帽子や髪飾りをつけるのだが、羽根つきをするためか、髪は三つ編みにしてうしろで髷のようにまとめられている。

仏和辞典をひいてみると、ヴォランの意味のなかに「バドミントンをする」という記載もあるが、バドミントンを調べてみると、ヴォランとは歴史的発祥が異なっている。


バドミントンの起源は、バトルドア・アンド・シャトルコックbattledore and shuttlecockという十六世紀後半イギリスの子どもの間で広く行われた遊びで、これが十七世紀に有閑階級の娯楽としてヨーロッパ各国に普及した。

各地でおこなわれていた〈羽根つき〉という遊戯が「バドミントン」という球技名のもとに統合されたのであろう。

近代競技としてバドミントンとよばれるようになった正確な起源もはっきりせず、諸説あるが、「一八四七年夏にボーフォート公がインドで行われていた遊びをイギリスに持ち帰った」とする説が有力である。十九世紀中期、イギリスとインドにおいて広く行われていたが、競技の名称は、ボーフォート公の領地グロスターシャー（現エーボン）のバドミントン荘に由来する。

羽根（シャトルコック）は、コルクの台に水鳥あるいは鶏の羽根を一四枚から一六枚をとりつけたものが使われる。

球技の変遷については明確に辿れなかったが、古来からあった球を用いるゲームが、のちの時代や地域に適した形式に変化し、広まっていったように思われる。

（注1） Boucher, F.; *Histoire du costume :en occident de l'antiquité a nos jours*, Paris, Flammarion,1965.
石山彰：日本語版監修　『西洋服装史—先史から現代まで』　文化出版局　一九七三年
三三三ページ

4. 典拠文献

- *Le Bon Genre, réimpression du recueil de 1827 comprenant les "Observations…" et les 115 gravures.* Paris, Editions Albert Levy, 1931.
- 『ファッション・プレート全集Ⅱ　十九世紀初期』　石山彰編・解説　文化出版局　一九八三年　プレートNo. 28
- 丹野　郁編『西洋服飾史』　増訂版　東京堂出版　一九九九年

5. 解題（プレートの原典）

(1)図53　*Le Bon Genre, réimpression du recueil de 1827 comprenant les "Observations…"et les 115 gravures*, Paris, Editions Albert Levy, 1931. 1v. 115plates
　プレート集『ル・ボン・ジャンル：（最新の面白い衣装）、〃観察…〃と一一五枚の版画を含む一八二七年版の再版』
　タイトルに再販とあるように、『ル・ボン・ジャンル』は、一八〇一年から一八一七年まで継続的に刊行されたモードの風刺画を集大成したものである。

編集・刊行したのは、フランス革命により免職された元神父で、当時著名なモード誌の発行を手掛けていたメザンジェール（Pierre de La Mésanngère, 1761-1831）である。

彼はフランス革命により精神的・道徳的価値が逆転し、社会的地位を見失った人々の揺れ動く趣向、やり場のない思いを、皮肉と風刺をこめていきいきと解説している。

『ル・ボン・ジャンル』は40㎝程の横長の大きな画面に、執政政府時代（一七九九―一八〇四年）から帝政時代の流行最先端をゆく衣装を身につけた有閑階級の男女を揶揄し、暇をもてあそび、政治や戦争よりも恋愛遊戯にうつつをぬかしている社会階級を描出している。「醜さを競う三美神」「化粧」「神聖な接吻」などは興味深い。

画家の名前は記されていないので特定できないが、なかにはデュタイイ（Dutailly）、ランテ（Lantè）、ボジオ（Bosio）の署名がある版画も数点ある。

図53は、この図集では比較的初期の作品であるので、プレート№11にあり、図版左下にボジオの署名が見られる。
(2) 図54 *Journal des dames et des modes*, 1797–1838. Paris,「婦人流行新報」（前掲書）

七. サイクリング

1. 国・地方・民族 ― フランス・イギリス

2. 時期・時代 ― 十九世紀後半～

3. 図版解説

サイクリングが流行しはじめるのは一八八〇年代である。九〇年代に自転車がこれまでの危険な「高輪」を廃して「低輪」になると、婦人たちは一人でも田舎道をサイクリングできるようになった。

だが、自転車には今までのように地面を引きずるような長い曳き裾のついたスカートでは乗れない。サイクリングには自転車に乗るための特別な服が必要となった。

すなわち、裾が二つに分かれたスカートやニッカーズ（ニッカーポッカーズ）などの二本の脚が別々に動かせる下半身の膝下丈のゆったりしたズボンが不可欠となる。乗馬服のスカートの下につけたズボンとほぼ同時期であると思われる。

ニッカーポッカーズは、これに似たブルーマーズというズボンが四〇年あまり前に出現していた。ブルーマー夫人たちが主張し提案されたものであったが、時はまだ熟しておらず、中断されてしまっ

図55　サイクリング服　1894年

図56　アメリア・ブルーマー夫人
1850年

図57　ノーフォーク・ジャケット
1886年

た。

ニッカーボッカーズもブルーマーズと同様に非難を受け、新聞雑誌に〈女性ともあろうに〉と皮肉られたが、今回はその非難をよそに、若い女性のあいだに流行するようになる。

ズボンの着用という女性のダブーが解かれたのだ。サイクリングは女性にとり服装の革命的な変化をもたらせた。

膨らんだ袖のツイードの上着、ニッカーボッカーズ、リボン飾りのついた麦わら帽子など不釣合いながら、衣服の機能化はスポーツ服により近代化、実用化に向かった。(図55)。

ブルーマーズ

フランスではナポレオン帝政期、第二のロココ時代といわれるような華麗な上流市民社会が展開されていたころ、アメリカでは服装の改革と婦人の地位向上とを結びつけようとするアメリア・ブルーマー夫人(Amalie Bloomer, 1818-1894)(図56)の衣服改良運動がはじまっていた。

ブルーマーズとは裾口にゴムを入れたゆるやかなズボンのこと。

胴を不自然にきつくしめつけるコルセットを排除しようとする改良服への提唱や東洋風のズボンを採用する運動が一八五一年、ブルーマー夫人により提唱されたが、思うような成果は得られなかった。

こうした進歩的な女性たちが輩出したかげには、六〇年後半から七〇年にかけてイギリスでの自由主義の思潮が影響している。J・S・ミルの『自由論』『婦人の隷従』は、婦人の職業的、社会的解放の主張や両性の平等を説いた。合わせてスポーツ服の発展により、夫人の運動から約四〇年後、女性のテーラード・スーツ、ズボンなど男子服に接近し、機能的な衣服が着用されるようになり、ブルーマー夫人のこころざしが実を結ぶことになる。

衣服の機能化はこうしてスポーツ服の発達により達成されるようになるが、女性が公然とズボンが穿けるようになるのは二〇世紀の第一次大戦を待たねばならない。

十九世紀男性のスポーツ服

スポーツ服は十八世紀に登場した「ノーフォーク・ジャケット」とよばれる上着が、十九世紀には屋外の服装、スポーツ服にもっとも広く受け入れられた（図57）。ノーフォーク・ジャケットとは、田舎や郊外で着られるジャケットでイングランド地方の州名ノーフォークに由来するともいわれている。

素材はウールの格子柄が多く、肩からジャケットの裾までボックス・プリーツがたたまれて入り、身体の動きにあわせて伸縮がきき、機能的なデザインが特徴である。

このノーフォーク・ジャケットとズボンはニッカーズとを組み合わせて狩猟、ゴルフ、サイクリングなど陸上のスポーツ・ウェアとして着用された。

テニスには、フランネルの白いシャツを着て白いニッカーズをはいた。

二〇世紀初頭にはテニス、水泳、ホッケー、ポロなどそれぞれに適したスポーツ・ウェアが作られ、男性のスポーツ服は現代のスポーツ服にかなり接近してくる。

4. 典拠文献

- 青木英夫、飯塚信雄『西洋服装文化史　近代市民服の成立と発展』松澤書店　一九五七年
- Laver, James, *Concise history of costume.* London, Cassll. 1963.
  ジェームズ・レーヴァー著　中川晃訳『西洋服装史』洋販出版　一九九一年
- 能澤慧子『モードの社会史　西洋近代服の誕生と発展』有斐閣（有斐閣選書）一九九九年

八．海水着

1．国・地方・民族　―　フランス

2．時期・時代　―　十九世紀後半～

3．図版解説

水泳の歴史

水泳の歴史は神話の時代までさかのぼり、西洋では古代エジプト、ギリシア、アッシリア、わが国においてもイザナギ・イザナミノミコトにも語られている。

水のなかを泳ぐことは、狩猟などと同じように生活、交通の手段であり、戦争では紀元前から兵士は武装したまま水中を泳いで敵軍と戦い勝敗を争った。また古代スパルタでは戦士を育てる青少年体育の手段としてもとりあげられている。

一方、神聖な宗教上の禊（みそぎ）としておこなわれた地方もある。いずれにしても人間と泳ぐこととの関わりは深く、宗教的・神秘的な要素も含んでいる。

ギリシア、ローマ時代になると、室内浴場は貴族の社交場として栄えた。いわゆるローマ風呂である。混浴のなかで音楽を奏で、酒を酌み交わし、喜びに満ちた光景が当時の絵画に描かれている。ロー

図59　ふくらはぎ丈の海水着　1895年

図58　プリンセス・ラインの海水着　1880年代

図60　1912年の水着（オリンピック大会）

マの歴代皇帝はこのローマ風呂の築造に力を注いだ。当時の服装は、下着はタイトで、長袖で足首までのチュニックを身につけ、上着は優美で極度に肉体を隠した。隠蔽することにより女性の肉体を神秘化した。

十五世紀になるとキリスト教の教義が水浴を淫靡なものとして禁止令を発し、それ以後十八世紀までは水浴は社会悪として女性には認められなかった。

近世を迎え、ルソー、ペスタロッチや近代体育の父といわれるドイツのグーツムース（J.C.F.Guts Muths,1759-1839）らが理論的・医学的に海水浴の効果を裏づけ普及に努め、その結果ヨーロッパ各地に海水浴場、水泳学校、室内プールが設けられた。

一七七四年にイギリスのローヤル・ヒューマン・ソサエティ、一八六九年にはロンドン水泳協会が誕生して水泳が庶民にも普及した。

こうした協会などの団体は男性を対象とした水泳の歴史である。女性の水泳、海水浴、そして水着の出現は、それから約一〇〇年もあとになる。

女性の水着の歴史

一八二〇年頃になり、他のスポーツや遊戯と同様に海水浴も流行しはじめるが、それも上流社会や新興の裕福な人びとのあいだのみであった。水着はまだなく、女性はフランネルのサックドレス風のローブか、長くゆったりとしたパンタロンの上から丈の短いドレスをまとって海に入った。泳ぐというより、水に浸かり水浴びをするためのものであった。

こういう時代なので、たとえ海であっても、女性が肌を見せるということは、いささかも考えられなかった。では、どのようにして海に入ったか。記録によると二通りの方法があったようである。

一つは、海水浴場で婦人達が泳ぐ場合に、テントを馬で海の中まで引っ張って囲む方法。もう一つはモーデスティ・フードとよばれ、建物から海までテントを張り、階段を付けて海に入る。こうして海に入る時も出る時も、第三者の眼を避けたわけである。(注1)

水着らしきものの出現については、

一八二四年（江戸時代文政七年）になって世界ではじめての水着らしきものが登場する。社交界の花、ド・ベリイ公爵夫人が自らの手によるドレスを考案し、海辺（ディエップ海）に現われたとき、海辺にいる人々は驚きと興味を示し、大いに注目をあびて模倣されたという。胸開きになった幅の広い大きな上着に花づな模様の短い袖がつき、だぶっていた半ズボンが膝まで垂れ下がったものである。これが水着のルーツとでもいうべきか。

一八四八年の石版画に波にたわむれている美人の乙女の姿が描かれている。着ているものはドレス風のフランネルのローブで、情景から察するに、泳ぐという感じではなく、手で波と戯れているにすぎない。しかし乙女の表情は喜びに溢れ、自然への開放感を満喫しているように思える。(注2)

女性が水浴を強く求めていたにもかかわらず、水着の進化は遅々たるもので、女性が肌を見せることへの容認には、長い歳月を要した。

一八六〇年代の女性たちは波打ち際に停めた車輪つきの小屋のなかで着替えを行なった。その更衣車のある水域は外部から目隠しされており、女性たちはその水域に留まった海水で海水浴した。

男性たちは身体の線にフィットするように仕立てられたコットン・ジャージー製のつなぎを着て自由に泳ぎまわった。(注3)

一八八〇年代になると、様々なスポーツが上流社会で楽しまれるようになる。図58は一八八〇年代の「プリンセス・ラインの海水着」。図59は海水浴に集う若い女性たち。(一八九五年)。一九九〇年代になると、水着は女男とも横縞模様のものが圧倒的に多くなる。

オリンピック競技への女子の参加は、女性が身体を見せることに対する社会的な抵抗と、一方、女性の運動競技向上の必要性からの葛藤の時代的力関係の結果、容認に至ったことを物語っている。

女子の参加は一九〇〇年のパリ・オリンピックが最初で、種目はテニスとゴルフのみで、十二名の女性アスリートたちが長いスカート、長袖のブラウスに帽子を被って参加した。

一九〇四年のセントルイスのオリンピックでは、種目はアーチェリー、彼女たちの服装は日常の昼間着の装いで競技をおこなった。しかし、この大会で目をみはる競技が一つあった。それはデンマークから来た女子体操チームで、彼女たちが着ていた服装は、当時の身体を見せる規準からすれば、画期的なもので、白のサージの服に肌色に似せた薄茶のストッキングをはき、靴ははいていなかった。高度な運動能力を発揮した演技を行い、観客を魅了した。

一九一二年のストックホルムでのオリンピックで、はじめて女子の水泳競技が行われた。優勝したオーストラリア女子チームが着ていた水着は、男子の水着に似たもので、水に濡れるとやや透ける素材でできていた。

一九二〇年のアントワープ・オリンピックにおいてアメリカ女性は、ようやく一九一二年のオーストラリア・チームが着ていたのと同様な水着で参加がかなった。

この大会で、女子飛び板飛び込みで優勝した十四歳の少女の水着は、ワンピース型の現代に近いものになっている（図60）。

アメリカでは風紀上の懸念から彼女たちの水着姿の写真は公開されることはなかったという。

一九二〇年後半になり、ようやく水着の機能を備えた繊維やデザインが開発・研究がなされ、コットン・ジャージー、メリヤス、ウールニット製などの伸縮性のある素材と胸部と脚の一部を覆うワンピース型のデザインの水着が誕生したのである。

（注1）　木村春生『水着の歴史』現代創造社　一九八四年　一六ページ
（注2）　注1と同掲書　一七〜一八ページ

（注3）　ベバリー・バークス「女性とスポーツウエア」（『スポーツウエアの革命　もうひとつの二〇世紀ファッション　一八七〇―一九九〇年』）島根県立石見図書館　二〇〇六年　一二ページ

4．典拠文献

・木村春生『水着の歴史』現代創造社　一九八四年
・ベバリー・バークス「女性とスポーツウエア」（『スポーツウエアの革命　もうひとつの二〇世紀ファッション　一八七〇―一九九〇年』　島根県立石見図書館　二〇〇六年
・Payne,Blanche; *History of costume,from the ancient Egyptians to the twenty century,* N.Y. Harper & Row,1965.　ブランシュ・ペイン著　古賀敬子訳『ファッションの歴史　西洋中世から十九世紀まで』八坂書房　二〇〇六年

Le Bon genre, réimpression du recueil de 1827 comprenant les "Observations…" et les 115 gravures, Paris, Editions Albert Lévy, 1931. 1v. 115plates

（南　静『パリ・モードの200年 1：18世紀後半から第二次大戦まで』文化出版局　1975年　p.24）

図54（p.213）　髮飾りのある畝織りモスリンのドレス　1820年8月　文化女子大学図書館

Journal des dame et des modes, 1820年8月

（『ファッション・プレート全集Ⅱ 19世紀初期』石山彰編・解説　文化出版局　1983年　plate no.28）

図55（p.219）　サイクリング服　1894年

（千村典生『新版ファッションの歴史』鎌倉書房　1978年　p.44）

図56（p.219）　アメリア・ブルーマー夫人　1850年　（同上　p.59）

図57（p.219）　ノーフォーク・ジャケット　1886年　（同上　p.38）

図58（p.224）　プリンセス・ラインの海水着　1880年代　（同上　p.44）

図59（p.224）　ふくらはぎ丈の海水着　1895年　文化女子大学図書館

La mode illustrée; Paris, Firmin-didot, 1895.

（南　静『パリ・モードの200年 1：18世紀後半から第二次大戦まで』p.76）

図60（p.224）　1912年の水着（オリンピック大会）

（『近代オリンピック１００年の歩み』日本オリンピック委員会編　ベースボール・マガジン社　1994年　p.102）

図39（p.162） スコットランド高地伝統衣装 Spectrum Colour Library.
（『世界の民族３　ヨーロッパ』 平凡社　1979年　p.127）
図40（p.162） キルト　13, 18世紀
（Leloir,M.; *Dictionnaire du costume.* Kyoto, Rinsen Book Co. 1922 p.209）
図41（p.162） ルダンゴトにツイードのズボン　1853年頃（V.de Buzzaccarini; *Elegance and Style*）
（辻　ますみ『ヨーロッパのテキスタイル史』岩崎美術社　1966年p.29）
図42（p.168） プリント綿の民俗服を着る女性　1860年　文化女子大学図書館
（同上　p.84）
図43（p.172） スイス　エボレーヌ村の少女 20世紀
（『世界の民族　3：ヨーロッパ』平凡社　1979年　p.59）
図44（p.175） オランダ　ゼーランド州　貝のかたちをした美しいレースの帽子
（『世界の民族と生活５　北ヨーロッパ』ぎょうせい　1979年　p.95）
図45（p.175） フォーレンダム地方の帽子「ハル」（同上　p.92）
図46（p.181） モラヴィア地方春祭りの衣装 19世紀
（『世界の民族と生活５　北ヨーロッパ』ぎょうせい　1979年　p.127）
図47（p.189） 狩猟服　アナイス・トゥドゥーズ（A. Anaïs Toudouze）画 1891年　文化女子大学図書館
La mode illustrée, Paris, Firmin-didot. 1891年８月
文化女子大学図書館 （『ファッション・プレート全集Ⅳ　19世紀後期』石山彰編・解説　文化出版局　1983年　plate no.34）
図48（p.193） 男女の乗馬服　1831年
（『西洋服装史』ジェームズ・レーヴァー著　中川晃訳　洋販出版 1991年　p.164）
図49（p.193） 乗馬服　1894年（同上　p.209）
図50（p.199） 優雅なスケーティング　1876年（南　静『パリ・モードの200年 1: 18世紀後半から第二次大戦まで』文化出版局　1975年　p.77）
図51（p.203） ローンテニス用のフランネルのドレス　1895年 （同上　p.76）
図52（p.210） クロッケーを楽しむ　1895年　文化女子大学図書館
La mode illustrée, Paris, Firmin-didot, 1895.（同上　p.77）
図53（p.213） ヴォラン　ボジオ（Bosio, dominique）画　1802年　文化女子大学図書館

1934. plate 46）

図30（p.131） カリアリ地方パン屋の婦人の服装（Costume di Panattara di Cagliari）カルデリーニ（Calderini, E.）画 池田文庫 （同上 plate 180）

図31（p.135） 上オーストリアの村娘 ミルクを市場に運ぶ（A village girl of upper Austria carrying milk to market） 19世紀 池田文庫
（Alexander,W.; *Picturesque representations of the dress and manners of the Austrians,* London, Printed for John Murray, 1813. plate 3）

図32（p.141） チロルの猟師（A tyrolian Hunter） 19世紀 池田文庫
（Alexander,W.; *Picturesque representations of the dress and manners of the Austrians,* London, Printed for John Murray, 1813. plate 11）

図33（p.144） 帽子売り（Di Bologna l'arti per via d'Annibal Caraci）ジュゼッペ・マリア・ミッテッリ画 1660年 ローマ
Pisetzky, R.I.; *LI costume e la moda nella società italiana,* Giulio Einaudi editore, Torino, 1978（『モードのイタリア史 流行・社会・文化』平凡社 1987年 p.468）

図34（p.144） パリの帽子売り（Marchande de Casqettes）ヴェルネ（Vernet,C.）画 1820年頃 文化女子大学図書館
Vernet, Carle; *Cris de Paris; dessiné d'après nature,* Paris, Chez delpech quai Voltaire, [1820]
（『文化女子大学図書館所蔵欧文貴重書目録 解題・目録』2000年 口絵 No.81）

図35（p.148） フランクフルト・アム・マインの飛脚 ヘンヒェン・ハナウの肖像画 1435年
（阿部謹也『中世の窓から』朝日新聞社 1981年 p.167）

図36（p.148） パリの小飛脚 1760年
（星名定雄『情報と通信の文化史』法政大学出版局 2006年 p.221）

図37（p.157） アフガン アフリディ族婦人の上着（Hemdgewand einer Afridifrau）Mes.f.Völkerk., Berlin 池田文庫
（Tilke,M.; *Orientalische Kostüme in Schnitte und Farbe,* Berlin, ErnestWasmuth,1923. Tfl.86）

図38（p.157） 南東コーカサス地方の服装 タジキスタン（Südöstlicher Kaukasus, Daghestan）Kaukas.Mus., Tiflis.（同上 Tfl.69）

図17(p.78)　エイステッズバッド（ウエールズの芸術祭）の祭司：ドルイドの衣装　20世紀
（『世界の民族３　ヨーロッパ』 平凡社　1979年　p.124〜125）
図18(p.83)　教会へ向かう老女（同上　p.99）
図19(p.83)　「パルドン祭」に向かう老女（同上　p.103）
図20(p.87)　「受難の週」の行列（『世界の民族と生活６　南ヨーロッパ』ぎょうせい　1982年　p.42）
図21(p.87)　ナサレーノの衣装（Leloir,M., *Dictionnaire du costume.* Kyoto, Rinsen Book Co. 1922 p.276）
図22(p.92)　ポルトガル　収穫感謝祭（撮影　遠藤紀勝／芳賀ライブラリー）
図23(p.98)　花嫁衣装　レースのドレスを重ねたサテンのドレス（Toilette de Mariée,…）
文化女子大学図書館　*La Mode, Revue de monde élégant.* Paris, 1836年3月（『ファッション・プレート全集Ⅲ　19世紀中期』石山彰編・解説　文化出版局　1983 plate No.5）
図24(p.104)　カルパトス島の結婚衣装（『世界の民族３　ヨーロッパ』 平凡社　1979年　p.34）
図25(p.104)　ヨーロッパジプシーの結婚衣装（『世界の民族と生活６　南ヨーロッパ』 ぎょうせい　1982年　p.148）
図26(p.108)　白糸刺繍の洗礼服　19世紀中期　Museum of London
（辻　ますみ『ヨーロッパのテキスタイル史』岩崎美術社　1996年p.105）
図27(p.113)　王政復古調の喪服　ガヴァルニ（Gavarni, Sulpice Guillaume Chevalier,dit）画　1836年　文化女子大学図書館
La Mode, revue du monde élégante, Paris. 1986年9月 （『ファッション・プレート全集Ⅲ　19世紀中期』 石山彰編・解説　文化出版局　1983年 plate No.7）
図28(p.121)　ラップ人（A Laplander）　18世紀　池田文庫
（*Picturesque representations of the dress and manners of the Rusians, illustrated in sixty-four coloured engravings with descriptions,* London, Printed for Thomas M'Lean, haymarket, 1814. plate 1）
図29(p.125)　テオドーネの農婦の冬服（Contadina di Teodone in costume invernale）カルデリーニ（Calderini, E.）画　19世紀　池田文庫
（Calderini, E.; *Il costume popolare in Italia,* Milano, Sperling & Kupfer,

Ernest Wasmuth, 1923. Tfl.108)

図 7（p.43） 巨大なスプーンを持つイェニチェリ（Ladle-Bearer to the Janissire）ダルヴィマール（Dalvimart,O ）画　16世紀？　池田文庫　文化女子大学図書館

（[Dalvimart,O.]; *The costume of Turkey,* London, Printed for William Miller, 1802. plate 5）

図 8（p.43） 行進中のイェニチェリ（1588年頃の手書きスケッチから）

（ウルリッヒ・クレーファー著　戸叶勝也訳『オスマン・トルコ帝国　世界帝国建設への野望』佑学社　1985年　p.69）

図 9（p.52） 兵士の甲冑　11世紀

（Leloir,Maurice; *Dictionnaire du costume,* kyoto, Rinsen Book Co.,1992. Armures Ⅱ　p.13　1）

図10（p.52） 兵士の甲冑　13世紀　（同上　p.13　3）

図11（p.56） 騎乗時のジャンヌ

（Harmand,A.; *Jeanne d'Arc, ses costumes,son armure,* Paris, Ernest Leroux, 1929. p.308　Fig22）

図12（p.56） ジャンヌ・ダルク時代の甲冑 1430年

（Leloir,Maurice; *Dictionnaire du costum,* Armures. p.14　7）

図13（p.56） 旗印を持つジャンヌ

羊皮紙に描かれた十五世紀末の細密画。写本冒頭の装飾文字として描かれたもの（『ジャンヌ・ダルク処刑裁判』の表紙）

図14（p.63） 野戦服のフランス騎士　サン＝イニー（Saint-Igny, Jean de）画　1629年　Paris. Mus. National du Moyen Age.

（『ファッション・プレート全集Ⅰ　17～18世紀初期』　石山彰編・解説　文化出版局　1983年　Plate no.2）

図15（p.73） モクシャン族のモルドヴィア地方の婦人（A mordvine of the mokshan tribe）　文化女子大学図書館

（*Picturesque representations of the dress and manners of the Rusians, illustrated in sixty-four coloured engravings with descriptions,* London, Printed for Thomas M'Lean, haymarket, 1814. plate 12）

図16（p.78） イギリスの古代研究家ウイリアム・ステュークリーが1740年に想像で描いたドルイドの像。

（J.サイモン著　井村君江監訳『図説ケルト』東京書籍　2000年　p.155）

図版出典一覧

＊表記は原則として図版番号、題名、作者、制作年、所蔵、（　）は出典の順である。

図1（p.11）　宮廷衣装（Robe de Cour）デレ（Desrais,C.L.）画 1778年 池田文庫　文化女子大学図書館
（*Galerie des modes et costumes français dessinés d'après nature 1778-1787, réimpression accompagnée d'une préface par M. Paul cornu,* vol.1, Paris, E. Lévy, [1912]）

図2（p.11）　別れ（Les adieux）モロー弟（Moreau, J. M.）画　1777年　文化女子大学図書館
（Moreau, J. Michel,dit le jeune et Freudenberg,Sigismond; *Monument du costume physique et moral et la fin du dix-huitième siècle,* A Neuwied sur la Rhin,Chez la Société Typographique, 1789.）
（『文化女子大学図書館蔵西洋服飾ブック・コレクション』 p.23『衣装の記念碑』）

図3（p.19）　略礼服（Costume Demi- Habillé）1803年　文化女子大学図書館
Journal des Dame et des Modes, Paris. 1803年8月（『ファッション・プレート全集II　19世紀初期』 石山彰編・解説　文化出版局　1983年 Plate no.3）

図4（p.25）　皇后ジョセフィーヌ聖別式の盛装（Grande toilette de l'Impératrice Joséphine pour le sacre）1804年（M.Leloir; *Dictionary du costume,* Kyoto, Rinsen Book Co. 1992. p.318 Robes X. 2.）

図5（p.31）　スルタナ（正妻）あるいは寵姫（A Sultana, or Kaddin）ダルヴィマール（Dalvimart,O ）画　16世紀？　池田文庫　文化女子大学図書館
（[Dalvimart,O]; T*he costume of Turkey, illustrated by a series of engraving; with descriptions in English and French,* London, W.Miller, 1802. pl.60）

図 6（p.35）　タシケント　スルタンの外衣　Turkestan（Original in Privatsammlung）　ティルケ（Tilke, M）画　池田文庫
（Tilke, M.; *Orientalische Kostüme in Schnitte und Farbe.* Berlin,

- 本城靖久『十八世紀パリの明暗』新潮社（新潮選書） 1982年
- 今井登志喜『都市の発達史』誠文堂新光社　1980年
- 『世界の民族3　ヨーロッパ』平凡社　1979年（原著は、PEPLES OF THE EARTH, Tom Stacey Ltd.）

第六章

- 大林太良編『民族遊戯大事典』大修館書店　1998年
- 千村典生『新版　ファッションの歴史』鎌倉書房　1978年
- 有賀郁敏[ほか]編『近代ヨーロッパの探求8　スポーツ』ミネルヴァ書房　2002年
- 青木英夫『水着の文化史』雄山閣　2000年

第三章・第五章

- 丹野　郁監修『世界の民族衣装の事典』東京堂出版　2006年
- 田中薫、田中千代『原色世界衣服大図鑑』保育社　1971年
- ダニエル・フイユー[ほか]著、日本語版監修　高柳俊一『聖書文化辞典』本の友社　1996年
- 荒俣宏編『世界神秘学事典』平河出版社　1981年
- 青木保、黒田悦子編『儀礼』東京大学出版会　1998年
- 原　聖『ケルトの水脈』（興亡の世界史７）講談社　2007年
- 植田重雄『ヨーロッパの祭りと伝承』講談社（講談社文庫）1999年
- 黒田悦子『スペインの民俗文化』平凡社　1991年
- 地中海学会編『スペイン』河出書房新社　1997年
- 『パレスチナとヨルダンの民俗衣装』文化出版局　1993年
- 千村典生『新版 ファッションの歴史』鎌倉書房　1978年
- 柴　宣弘『改訂新版 図説バルカンの歴史』 河出書房新社（ふくろうの本）2006年
- 『図説大百科世界の地理8　フランス』朝倉書店　1997年
- 『図説大百科世界の地理11　イタリア・ギリシア』朝倉書店　1997年
- 『図説大百科世界の地理12　ドイツ・オーストリア・スイス』朝倉書店　1997年
- Logan,James;*The Scottish clan & their tartans,* Grasgow,David Bryce,1984.
- A・E・カンテミール画著『ルーマニアの民俗衣装集』恒文社　1976年
- 佐野敬彦訳・編『ミュルーズ染織美術館』第1～3巻　学習研究社　1978年

第四章

- 丹野　郁監修『世界の民族衣装の事典』東京堂出版　2006年
- 田中薫、田中千代『原色世界衣服大図鑑』保育社　1971年
- 『図説大百科世界の地理11　イタリア・ギリシア』朝倉書店　1997年
- 『図説大百科世界の地理8　フランス』朝倉書店　1997年
- 『世界の民族と生活6　南ヨーロッパ』ぎょうせい　1982年　（原著は、Volken en Stammen, Uitgeverij Het Spectrum B.V.）
- 丹野　郁『西洋服飾発達史　近世編』光生館　1960年
- 逓信省逓信博物館『世界通信発達史概説』（日本の郵便文化選書）示人社　1983年

- 能澤慧子『モードの社会史―西洋近代服の誕生と発展』有斐閣（有斐閣選書）1991年
- 北山晴一『おしゃれの社会史』朝日新聞社　1991年
- Carlyle,Thomas; *Sartor Resartus,the life and opinions of Herr Teufelsdröckh,* Edinburgh,Neill.[n.d.]（1836）.
  （トーマス・カーライル著、谷崎隆昭訳『衣服哲学』山口書店　1983年）
- P・G・ボガトゥイリョフ著、松枝到、中沢新一訳『衣裳のフォークロア』せりか書房　1984年

第一章

- 丹野　郁『西洋服飾発達史　古代・中世編、近世編、現代編』光生館　1958-1965年
- 井上幸治編『世界各国史２ フランス』山川出版社　1968年
- 辻　ますみ『ヨーロッパのテキスタイル史』岩崎美術社　1996年
- 加藤定子『古代中央アジアにおける服飾の研究』東京堂出版　2002年
- マルセル・ラヴィル著、小林善彦・山路昭共訳『パリの歴史』白水社（クセジュ文庫）1987年
- 安藤正勝『ジョセフィーヌ　革命が生んだ皇后』白水社　1989年
- 『文化女子大学図書館蔵西洋ブック・コレクション』1985年

第二章

- 三橋冨治男『オスマン帝国の光栄とスレイマン大帝』清水書院　1998年
- 本田實信『イスラム世界の発展』（ビュジュアル版世界の歴史６）講談社　1991年
- 『イスラム事典』平凡社　1982年
- 『全訳世界の歴史教科書シリーズ９　フランスⅡ・Ⅲ』帝国書院　1980年
- 鈴木直志『ヨーロッパの傭兵』（世界史リブレット80）山川出版社　2003年
- 桐生操『処刑台から見た世界史』あんず堂　2006年
- *Jeanne d'arc,les tableaux de l'histoire,* 1820－1920, Paris, Réunion des Musées Nationaux, 2003
- Pernord, Régine; *Jeanne d'arc,* Paris, Seuil, 1981.

参考文献（各章においては、典拠文献・注にあげた文献は除く）

全般（目録・事典・辞典・概論など）

- Colas, René; *Bibliographie générale du costume et de la mode, tome1-2,* Paris, Librairie René Colas,1933. 2vols.
- Hiler, Hilaire and Meyer（comp.by）; *Bibliography of costume; a dictionary catalog of about eight thousand books and periodicals,* New York, H.W.Wilson,1939.
- 『文化女子大学図書館所蔵欧文貴重書目録　解題・目録』2000年
- Bénézit,E.; *Dictionnaire　critique et documentaire des peintres, sculpteurs, dessinateurs et graveurs,* Paris, 1976（nouvelle ed.）. 10vols.
- Leloir, Maurice; *Dictionary du costume,* Kyoto, Rinsen Book Co,1992.
- A・ジエラール著、池田健二訳『ヨーロッパ中世社会史事典』藤原書店　1991年
- ジョルジュ・ビドー・ド・リール著、堀田郷弘、野池恵子訳『フランス文化事典　祭り・暦・気象・ことわざ』原書房　1966年
- 服装文化協会編『増補版 服装大百科事典』文化出版局　1969年
- 『新ファッションビジネス基礎用語辞典』（織部企画）光琳社出版　1993年
- Holland,Vyvyan; *Hand coloured fashion plates 1770 to 1889,* London, Batsford,1955.
- Boucher, François; *Histoire du costume: en occident de l'antiquité à nos jours..* Paris, Flammarion,1965.
（フランソワ・ブーシェ著、石山彰：日本語版監修『西洋服装史―先史から現代まで』　文化出版局　1973年）
- Laver, James; *A concise history of costume,* London, Cassll, 1969.
（ジェームズ・レーヴァー著、中川晃訳、飯田晴康監修『西洋服装史』洋販出版　1991年）
- 小勝禮子（企画・構成）『モードと風刺　時代を照らす衣服―ルネサンスから現代まで』栃木県立美術館（展覧会カタログ）　1995年
- 服部照子『ヨーロッパの生活美術と服飾文化１・２』源流社　1986-1978年
- 菅原珠子『絵画・文芸にみるヨーロッパ服飾史』朝倉書店　1985年
- 丹野　郁編『西洋服飾史』増訂版　東京堂出版　1999年

【み】
水着 ……………………… *6, 187, 223～228*

【も】
モスリン　muslin …… *53, 101, 110, 111, 207, 213, 214*
喪服 ………………… *5, 71, 107, 112～115*

【ら】
ラフ　ruff … 21, 48, 62, 64, 74, 88, 102, 105, 188, 212

【り】
リボン ribbon … *10, 12, 22, 114, 126, 130, 132, 142, 161, 182, 220*

【れ】
レース　lace … *6, 10, 12, 21, 65, 67, 71, 82, 98～100, 114, 119, 124, 126, 130, 174～177, 180, 182, 191, 207*
レギンス　leggings …………… *195, 196*

トリミング　trimming … *32, 122, 191*
トレーン　train ………………………… *100*

【に】
ニッカーズ　knickers …… *207, 218, 221*
ニッカーボッカーズ　knickerbockers ……………………………… *218, 220*

【ね】
ネッカチーフ　neckerchief ……… *128*

【の】
ノーフォーク・ジャケット　norfolk jacket ……………………………… *219, 221*

【は】
ハーレムパンツ　harem pants …… *32*
バックル　buckle ……………… *103, 132*
バッスル　bustle …………………… *200*
パニエ　panier …………………*10, 12, 14*
羽根飾り…*12, 44, 54, 64, 67, 115, 143, 145, 165*
ハラート　chalat ……………………… *36*
ハル ………………………………… *175, 177*
パンガ ……………………………………… *72*
ハンカチーフ handkerchief … *110, 128*
パンタロン　pantalon ……………*21, 225*

【ひ】
ビコルヌ　bicorne……………………… *20*
ビロード　velvet（ベルベット） …… *36, 53, 94, 128, 130, 145, 214*

【ふ】
ファッツォレット fazzolétto … *130, 133*
フェルト帽 ……………………………… *64*
縁飾り ………………… *22, 64, 65, 128, 130*
ブラウス　blouse ……*124, 128, 130, 134, 187, 190, 195, 227*
フリル　frill …………………… *10, 26, 182*
ブルーマーズ　bloomers …… *218, 220*
プルールーズ　pleureuses ……… *114*
プレイド　plaid …………………… *163*
ブレザー　blazer ………………… *207*
ブロード・クロス　broadcloth … *164, 166*

【へ】
ペティコート　petticoat …………… *99*
ベレット　béret…………………… *143*
ペンダント　pendant ……………… *128*

【ほ】
帽子 ………………………………………… *5, 6, 15, 20, 44, 64, 65, 67, 72, 74, 82, 86, 114, 115, 122, 126, 130, 134, 142～146, 158, 159, 161, 165, 166, 174～178, 191, 194, 206, 207, 214, 220, 227*
ホームスパン　homespun…… *166, 190*

【ま】
マント　mantle(英)　……*32, 64, 67, 94, 114, 163*
マントー　manteau(仏)　…………… *26*

【け】
ケープ　cape ……………… *150, 211, 212*

【こ】
コットン・ジャージー　cotton jersey ……………………………… *227, 228*
籠手 ……………………………………… *64*

【さ】
サティン　satin …………………… *26, 53*

【し】
ジィフクス……………………………… *74*
司教冠 ………………………………… *177*
ジゴ袖　gigot ……………… *99, 206, 211*
司祭服 ………………………………… *81*
刺繍… *5, 12, 21, 26, 32, 36, 64, 71, 74, 94, 95, 107〜110, 114, 119, 142, 158, 164, 173, 177, 180, 182, 191*
シャズュ－ブル　chasuble ………… *80*
シャルワール　shalwar ……………… *32*
シュミーズ　chemise …………………………………………… *24, 26, 65, 110, 214*
シュミーズドレス chemise dress … *214*
ショール　shawl ……………………… *26*
ジレー　gilet ……………………… *20, 21*
白糸刺繍 ………………… *5, 107〜110, 182*

【す】
スカーフ scarf… *128, 167, 170, 173, 191*
スパッツ　spats …………………… *163*
スポーツ服 … *6, 185, 187, 195, 196, 220, 221*
スポーラン　sporran ……………… *161*
ズボン … *21, 58〜60, 64, 67, 142, 143, 158, 159, 162, 165, 187, 195, 196, 207, 212, 218, 220, 221, 226*
スモック　smock …………………… *173*
スラッシュ　slash………………… *62, 65*

【せ】
洗礼服 ……………………… *5, 71, 107〜110*

【た】
タータン・チェック　tartan check… *161*
ダブレッド　doublet ………………… *62*
ダマスク　damask …………………… *53*
ダルマティカ　dalmatica …………… *81*

【ち】
チャパン　tschapán …………………… *36*
チュニック　tunic…………… *54, 80, 225*
チロリアン・ジャケット　tyrolean jacket…………………………… *142*
チロリアン・テープ tyrolean tape… *142*

【つ】
ツイード　tweed……… *162, 165, 190, 220*

【と】
トゥニカ・タラリス　tunique talaire ……………………………………… *80*
ドミノ　domino……………………… *114*
トランクホーズ　trunk hose ……… *64*
トリコルヌ　tricorne ………………… *20*

索　　引

－服飾・織物用語を中心に－

【あ】

間着 …… 54
アビ　habit …… 20
アマゾーヌ　amazone …… 194
アルパ　alba …… 80
アンガジャント　engageantes …… 12

【い】

イヴニングドレス evening dress … 14
インディゴ　indigo …… 158

【う】

ウーステッド　worsted …… 164
ウールニット　woolknit …… 228
ヴェール　veil …… 94, 103, 111, 130
ウエディング・ドレス　wedding dress …… 99～101

【え】

エシェル　èchelle …… 12
エプロン　epron … 126, 128, 134, 167, 173, 194
演劇衣装 …… 16

【お】

オーベール　haubert …… 53
オーム　heaume …… 54

【か】

カスケット　casqette …… 145
カッペッロ　cappello …… 143
カヌズー　canezou …… 214
カバイ …… 103
カフス　cuffs …… 12, 21, 65, 190
ガンブソン　gambeson …… 54

【き】

絹…… 12, 21, 24, 26, 32, 34, 36, 53, 109, 115, 128, 130, 132, 173, 188, 214
絹織物 …… 21, 53
キャスケット　casqette …… 145
キャラコ　calico …… 53
宮廷服 …… 16, 20, 180
キュロット　culottes …… 21, 54, 195
胸衣 …… 12, 107, 134
金襴 …… 36, 53, 59

【く】

鎖帷子 …… 53
靴…… 21, 54, 58, 65, 67, 74, 114, 120, 122, 126, 128, 132, 134, 145, 149, 159, 161, 163, 167, 177, 195, 198, 200, 228
クラバット　cravate …… 21, 194
グレンガリー　glengarry …… 166

あとがき

四〇年という長い年月、母校の大学図書館に勤めました。大学を含め法人としての文化学園は、一九二三（大正十二）年に文化裁縫女学校として発足以来、服装の普及とその専門教育を目標に現在に至っています。

図書館は学園全体の情報資料センターとして服飾・ファッションを中心に、現在では学科構成に伴い、造形デザイン、建築・住居などの関係資料も収集しています。特に欧文の服飾文献（costume）は「服飾稀覯文庫」としてコレクションの構築に努めてきました。幸いにも歴代館長で、わが国の西洋服装史学の基礎を築いた石山彰元名誉教授、色彩学の研究家である北畠耀元名誉教授のもとで、十六世紀、十七世紀の印刷史としても古い文献に触れるたびに一層の興味を抱きました。手前みそになるかもしれませんが、この分野ではわが国、いや世界に誇れる服飾専門図書館だと自負しています。

定年退職後も短期間ですが服飾関係の資料室に席をおき、いまも非常勤ながら大学の司書課程で司書教育に携わっています。生涯、図書館との縁は切れそうもありません。

大学在職中に、大阪池田市にある「池田文庫」（宝塚歌劇の図書室蔵書を継承した図書館）から、所蔵する服飾文献調査の依頼を一九九二年に受けました。

池田文庫は演劇・文芸資料が中心ですが、そのなかに西洋の歌劇の衣装考証に使われていると思われる服飾文献があり、資料の内容を含め文献的価値などを調査し、内容・評価を解題にして「館報池田文庫」に掲載してほしいという、私にとってはまたとないチャンスを得ました。あまり専門的になりすぎないで一般読者にも分かりやすく面白く読めるように、という条件をいただき、執筆にとりかかりました。この所蔵文献紹介は連載となり、退職後も続きまして、ライフワークともいえる通算十年連載したものを、最後に一冊の小冊子にまとめました。

小冊子『服飾史の基本文献解題集—池田文庫（財団法人阪急学園）の服飾関係資料—』は、第九回（二〇〇七年）「図書館サポートフォーラム賞」において、専門司書として図書館の新境地を開いたという理由で受賞、私には身にあまる光栄でした。

そんな矢先、事務局を担当している日外アソシエーツの大高社長から本を書いてみないか、とお声をかけていただきました。

前記の小冊子をふくらませ、服装を図像学的な研究にしたいと思っていただけに、この機会はありがたく、今回の執筆につながったのです。

まえがきにも述べましたように、私は専門研究者ではありません。司書として服飾文献に携わったその経験を通して、文献から眺めた西洋の服装の歴史や民族服を、服装の機能や目的に種別した構成を試みました。ただ、欧文文献が基本になっている点、言語の限界もあり、あるいは誤りがあるかもしれません。読者の皆さんからのご意見やご叱正をいただければと思っています。

最後に、資料と写真提供を快諾くださった池田文庫の松田常志館長、お世話くださった学芸員の太壽堂素子さん、文化出版局、文化女子大学図書館の皆さん、そして多くのアドバイスをいただき、原稿をていねいに校閲くださった編集部の朝日崇さんにこの場をかりてお礼申しあげます。

二〇〇八年二月